无上幸福的世界

开启叹异抄

高森显彻

《开启叹异抄》翻译组

Ichimannendo Publishing, Inc.
Los Angeles　Tokyo

Unlocking Tannisho (Chinese version)
By Kentetsu Takamori
Published by Ichimannendo Publishing, Inc. (IPI)
970 West 190th Street, Suite 920, Torrance, California 90502
© 2024 by Kentetsu Takamori. All rights reserved.
Translated and adapted by the *"Unlocking Tannisho"* translation team

Cover design by Kazumi Endo
Japanese calligraphy by Taizan Kimura
Photographs by amanaimages

First edition, April 2024
Printed in Japan

This book was originally published in Japanese by Ichimannendo Publishing under the title
Tannisho wo hiraku.
© 2008 by Kentetsu Takamori

Distributed in the United States by Ichimannendo Publishing, Inc. (IPI)
970 West 190th Street, Suite 920, Torrance, California 90502
Distributed in Japan by Ichimannendo Publishing Co. Ltd.
2-4-20-5F Kanda-Ogawamachi, Chiyoda-ku, Tokyo 101-0052
info@10000nen.com   www.10000nen.com

ISBN 978-0-9601207-3-4

ISBN 978-4-86626-088-4

序

"如果只带一本书去无人岛的话，我会带上《叹异抄》。"

"即使一切书籍都被烧毁，只要留下《叹异抄》，我就能够忍耐。"

"万卷书中，如果只选一卷的话，我会选择《叹异抄》。"

近代以来，一本名为《叹异抄》的书在日本备受瞩目，许多哲学家、思想家、作家都为之倾倒。

《叹异抄》成书于距今七百多年前，据说是由净土真宗祖师亲鸾圣人的弟子唯圆所著。书中记载着亲鸾圣人的话语，以及作者根据圣人的教义对当时流传的邪说所做的纠正。

《叹异抄》虽然是一本佛教书籍，其影响力却广泛波及到哲学界、思想界等各个领域。这主要是因为书中蕴含着深邃的教义，其深刻的生死观以及超越善恶的人性观颠覆常识，令世人惊叹。

那么,《叹异抄》中到底蕴含着怎样的教义呢?

一言以蔽之,就是亲鸾圣人对全人类的呼唤:"无论遭遇多大的痛苦都不要放弃,你终将获得无比巨大的幸福。不分人种、性别、年龄、能力、贫富,任何人都能够平等地获得无与伦比的幸福,尝受到生而为人的喜悦。"

这跨越国界与民族的呼唤不仅震撼了日本思想界,在西方也引起了共鸣。被誉为二十世纪最伟大哲学家之一的海德格尔曾在晚年通过《叹异抄》接触到亲鸾圣人的教义,他在日记中这样写道:"今天,我通过英译本,第一次阅读了东洋圣者亲鸾的《叹异抄》。(中略)如果早在十年前就能知晓东洋有这样一位伟大的圣者,我就不去学习希腊语和拉丁语了。我会学习日语,聆听这位圣者的教义,并把传扬他的教义当作我毕生的事业。可惜,太晚了……*"

然而,这样极具魅力、广受赞誉的《叹异抄》,却曾经被尘封了四百多年,直到近代才重见天日。那是因为,《叹异抄》是一把名副其实的"双刃剑"。

一方面,对于知晓亲鸾圣人教义的人来说,《叹异抄》中蕴藏着挖掘不尽的宝藏,书中句句金言,能够疗愈人生所有的痛苦:

---

*"今天,我通过英译本……":
引自松野尾潮音《生命中的信仰4》(《中外日报》1963年8月6日)

　　若是你因遭受背叛而哭干了眼泪，《叹异抄》第一章会告诉你，有一种绝对不会抛弃我们的幸福，那就是"摄取不舍之利益"。

　　若是你在人生中处处碰壁而垂头丧气，《叹异抄》第七章会鼓励你，无论遭遇多大的挫折都不必气馁，在这个障碍重重的世界里，存在着任何障碍都无法阻挡的"无碍之一道"。

　　而第三章中的"善人尚且得遂往生，何况恶人哉"更是清楚地告诉我们，最最痛苦的人，其实比任何人都更加接近那光辉灿烂的无上幸福。

　　然而另一方面，《叹异抄》虽然字字珠玑，却极易引起误解。比如上文所说的"善人尚且得遂往生，何况恶人哉"就是具有代表性的一个例子。看到这句话，人们通常会以为"善人反倒不如恶人，这不是叫人作恶吗？""既然恶人更容易得救，那不如干脆做个恶人。"甚至有人因此指责亲鸾圣人的教义是"制造恶人的教义"。正是出于这样的忧虑，净土真宗的中兴之祖莲如上人才在五百年前封印了此书，叮嘱"勿让无宿善之人随意阅览"。

　　直到十九世纪末期，《叹异抄》被解开了封印，之后就迅速地传播开来。此后，《叹异抄》虽然使亲鸾圣人的教义受到广泛关注，却也让莲如上人的忧虑变成现实，助长了世人对真宗教义的错误认知。

如今，宝剑既已出鞘，现代的我们又该如何阅读理解这本千古奇书呢？

自从这本书走进人们的视野，一百多年来，围绕它出版的解说书已经超过七百多本。然而，正如许多有识之士所感慨的，这些解说书都是着重于作者自身的体验与信念，天马行空地恣意加以解释。依靠这样的解说书，是无法汲取这本宝书中所蕴含的无限精华的。

《叹异抄》中所写的是亲鸾圣人的教义，最能够阐明此书真意的，莫过于亲鸾圣人自身的话语。为了带领读者正确地阅读理解这本千古奇书，尽取其精华而不被误导，本书将以亲鸾圣人亲笔所写的《教行信证》等著作为依据，对照圣人自身的话语，竭力阐明《叹异抄》的真意。

希望此书能成为一把钥匙，开启《叹异抄》中所蕴藏的无尽宝藏。

静待各位读者批评指正。

作者识

第一部 《叹异抄》释义

第二部 《叹异抄》解说

《叹异抄》的构成

（1）序文
（2）一章～十章（亲鸾圣人的话语）
（3）别序（为十一章以后的内容所做的序）
（4）十一章～十八章（以亲鸾圣人的教义为依据，
　　　对当时广泛流传的一些邪说所做的纠正）
（5）后序
（6）关于流刑的记录

本书《开启叹异抄》的构成

　　第一部的内容主要是《叹异抄》一至十章的原文与释义。十一至十八章中所记录的邪说在今天已很少听到，所以只对其内容作了简单的总结。关于别序、后序以及流刑的记录，省略了原文的翻译，只附有现代文释义。

　　在第二部中，特别选出了《叹异抄》中容易受到误解并且有很大影响力的话语，以及一些不被世人所熟知的内容，进行了详细的讲解。

第一部

《叹异抄》释义

【序】

〔原文〕

　　窃怀愚思，略勘古今，叹异于先师口传真信之邪义，思后学相续之疑惑，若未有幸依有缘之知识，如何得入易行之一门。切勿以自见之觉悟，乱他力之宗旨。

　　因此，将已故亲鸾圣人教诲之趣旨，留存耳边之语，略注于此，以散同心行者之惑也。

〔释义〕

　　我以愚见暗自思量，与亲鸾圣人在世的时候相比较，如今会看到一些人在讲说与圣人亲口教导的真实信心不同的事情，这实在令人无限叹息。

　　我担心，这样下去，对如何正确学习并传播圣人的教义，会产生困惑与疑虑。

　　在这种情况下，如果未能有幸遇到良师，又怎能获得他力易行之信心[*]呢?

决不可对圣人的教义妄下判断，而扰乱他力之真义。

为此，我把至今还留在耳边的，圣人之前说过的难忘的话语，择取二三记录在这里。

这完全是为了消除拥有相同志向的亲鸾学徒[*]们的疑惑。

* 他力易行之信心：他力（阿弥陀佛的力量）的拯救。
* 亲鸾学徒：学习、相信、传播亲鸾圣人教义的人。

留むる所　そゝか、仏を証す　ひと、そゝに
同心行者の不審と散ぜんがためなり

ひそかに愚案を廻らしてほぼ古今を
勘うるに先師の口伝の真信に異なる
ことを歎き後学相続の疑惑あること
を思うに幸いに有縁の知識によらずば
いかでか易行の一門に入ることを得んや
まったく自見の覚悟をもって他力の宗旨
を乱ることなかれ
よって故親鸞聖人の御物語の趣旨の底に

【第一章】

唯以信心为要

——亲鸾圣人阐明了佛法之肝要[*]的话语

〔原文〕

信"被弥陀誓愿不思议所拯救，必遂往生"，欲念佛之心发起之时，即获摄取不舍之利益也。

应知弥陀本愿，不简老少善恶之人，唯以信心为要。

因其乃为拯救罪恶深重、烦恼炽盛众生之愿也。

故若信本愿，则无需他善，因无有胜于念佛之善故；恶亦不需惧，因无有障碍弥陀本愿之恶也。云云。

〔释义〕

阿弥陀如来[*]发誓"要救度一切众生"，被这不可思议的弥陀誓愿所拯救，成为无疑可往生弥陀净土之身，生起想要念佛之心的时候，就会获得"摄取不舍"这绝对的幸

---

* 肝要：唯一的、最为重要的事情。
* 阿弥陀如来：也被称为"阿弥陀佛"或"弥陀"。

福。

弥陀的救度，不分年老年少，也不问善人恶人，对所有人没有丝毫差别。然而必须知道，有一个唯一的、最为重要的事情，那就是对佛愿*无有疑心的"信心"。

那么，为什么恶人也只要信本愿就能得到救度呢？

那是因为，阿弥陀佛立下本愿的真意，正是为了拯救烦恼*无比炽烈、罪恶最为深重的极恶之人。

因此，如果被弥陀本愿所救摄，则无需一切之善。因为没有任何善，比弥陀所赐予的念佛更为殊胜。

而且，无论造下什么样的罪恶，也不会再有丝毫的恐惧与不安。因为没有任何恶，是弥陀本愿所不能救摄的。

亲鸾圣人如是说。

---

* 佛愿：阿弥陀佛的誓愿(诺言)。也被称为本愿。

* 烦恼：佛教用语。指欲望、愤怒、嫉妒等，令人感到烦扰苦恼的心。

しかれば本願を信ぜんには他の善も
要にあらず念仏にまさるべき善なきゆ
ゑに悪をもおそるべからず弥陀の
本願をさまたぐるほどの悪なきゆゑに
と云々

第一章

弥陀の誓願不思議に助けられまゐらせて往生をばとぐるなりと信じて念仏申さんと思ひたつ心のおこるときすなはち摂取不捨の利益にあずけしめたまふなり

弥陀の本願には老少善悪の人をえらばずただ信心を要とすと知るべしそのゆゑは罪悪深重煩悩熾盛の衆生を助けんがための願にてまします

【第二章】

弥陀本愿为真实

——亲鸾圣人不动如山的明确信念

〔原文〕

诸位越十余国之境，不顾身命，来访之志，定只为闻问往生极乐之道也。

然，若谓念佛以外，亲鸾尚知其他往生之道或法文等，则大错特错矣。诸位若存此心，南都北岭亦多有饱学高僧，自去拜访彼等，向其细闻往生之要即可。

于亲鸾而言，蒙良师教导"唯念佛，被弥陀所救"，但信此言，别无其他。

念佛实为往生净土之因，抑或堕入地狱之业，吾全然不知。纵为法然圣人所骗，念佛而堕入地狱，亦毫无后悔。

其故为，若为力修自余之行则可成佛之身，因念佛而堕入地狱，或有"受骗"之悔。任何行皆难及之身，地狱必为永恒之家。

弥陀本愿为真实，则释尊说教无虚言。释尊说教为真实，则善导之释无虚言。若善导之释为真实，法然之言岂虚哉。若法然之言为真实，焉可谓亲鸾之语虚妄哉。

总之，愚身之信心如上所述。

从今而后，取念佛信之，抑或舍而别求，任由各自抉择。云云。

〔释义〕

各位跨越十余国的山河，从关东千里迢迢，不顾生命危险前来见我亲鸾，目的只是为了问明往生极乐*之道这一件事吧。

但是，如果各位怀疑我亲鸾，以为我除了弥陀本愿念佛以外，还知道其他往生极乐的方法或秘密的法文*，却迄今为止一直秘而不宣的话，那么你们可就大错特错了。

如果各位这么无法相信我亲鸾，那就去奈良或比叡山*好了。那里有许多了不起的学者，敬请各位去拜访他们，向他们仔细地请教往生净土的肝要吧。

亲鸾我，唯有信顺法然上人*的教导："应信本愿而念佛，

---

* 往生极乐：极乐指弥陀所在的净土，没有痛苦的安乐世界。往生极乐即去往阿弥陀佛的极乐净土，开悟成佛。也称净土往生。
* 法文：教义。
* 比叡山：位于日本的京都与滋贺县之间，是天台宗的本山。又称叡山。
* 法然上人(1133—1212)：亲鸾圣人之师。日本净土宗的开宗祖师。

被弥陀所救"，除此以外别无其他。

似乎有人在散布流言，说念佛是堕入地狱的业[*]。念佛究竟是往生净土之因[*]，还是堕入地狱之业，亲鸾我一概不知！

就算是被法然上人所骗，念佛而堕入地狱，亲鸾也不会有丝毫后悔。

那是因为，如果我是靠念佛以外的修行能够成佛之人，却由于念佛而堕入了地狱，那么我会有所后悔。

然而，亲鸾我任何善行都无法做到，除了地狱无处可去。

正因为弥陀的本愿是真实的，只讲说了弥陀本愿这一件事的释尊[*]之教义，就不可能是虚假的。

如果释尊的教义是真实的，那么将其原封不动传承下来的善导大师[*]的释文，就不可能有谎言。

如果善导大师的释文是真实的，将其原原本本教给世人的法然上人之言，又怎么可能是虚假不实的呢？

如果法然上人之言是真实的，又怎能说忠实传承其教

---

* 业：行为。
* 因：原因。
* 释尊：即释迦牟尼佛。大约于两千六百年前，在印度讲说了佛教。
* 善导大师(613—681)：大约一千三百年前的唐朝僧侣，中国净土佛教的集大成者。

义的亲鸾我，所说的话会有假呢？

归根结底，我亲鸾的信心就是如此。

从今往后，各位相信念佛也好，抛弃念佛也罢，都悉听尊便！

亲鸾圣人如是说。

もしかば南都北嶺にもゆゝしき学匠

たち多く座せられて候なれば かの人ゝに

もあひたてまつりて 往生の要よくよく

聞かるべきなり

親鸞におきては ただ念仏して弥陀に助け

られまゐらすべしと よきひとの仰せを被り

て信ずるほかに別の子細なきなり

念仏はまことに浄土に生まるゝたねにてや

はんべるらん

第二章

おのおの十余ヶ国の境を越えて身命を顧みずして訪ね来らしめたまう御志ひとえに往生極楽の道を問い聞かんがためなり

しかるに念仏よりほかに往生の道をも存知し、また法文等をも知りたらんと心にくく思し召しておわしましてはんべらば大きなる誤りなり

弥陀の本願まことにおわしまさば釈尊の説教

虚言なるべからず。仏説まことにおわしまさば

善導の御釈虚言したまうべからず。善導の御釈

まことならば法然の仰せそらごとならんや。法然の

仰せまことならば親鸞が申す旨またもってむなし

かるべからず候か。詮ずるところ愚身が信心におき

てはかくのごとし。このうえは念仏をとりて信

じたてまつらんとも、またすてんとも面々の

御計らいなり、と云々。

また地獄に堕つる業にてやはんべるらん

総じてもて存知せざるなり、たゞ法然聖人
にすかされまゐらせて念仏して地獄に堕ち
たりともさらに後悔すべからず候

そのゆゑは自余の行を励みて仏になるべ
りける身が念仏を申して地獄にも堕ちて
候はゞこそすかされたてまつりて〳〵
後悔も候はめ いづれの行も及び難き身
なれば とても地獄は一定すみかぞかし

【第三章】

善人尚且得遂往生，何况恶人哉

——著名的恶人正机*之章

〔原文〕

　　善人尚且得遂往生，何况恶人哉。然世人常言，"恶人尚可往生，何况善人乎"。此言乍闻似觉有理，却有悖本愿他力之意趣。

　　其故为，自力作善之人，因无专依他力之心，非弥陀本愿也。然，若弃自力之心转而依赖他力，则真实报土之往生可遂也。

　　烦恼具足之我等，依任何行皆无法出离生死。弥陀怜悯如此众生而发愿之本意，乃为使恶人成佛。故依他力之恶人，最是往生之正因。

　　故曰善人尚得往生，何况恶人哉。

＊恶人正机：意为拯救恶人才是阿弥陀佛的本愿。

〔释义〕

连善人都能够往生净土，何况恶人，更能往生。

然而，世人却常说："连恶人都能往生净土，更何况善人。"

这种说法乍听似乎很有道理，但其实违背了弥陀立下本愿的宗旨。

为什么这样说呢？

那是因为，阿弥陀如来看透了所有人都是烦恼具足[*]、无有得救之缘的极恶之人，所以才发誓说"托付给我，我一定拯救你们"。

可是，善人却自负地以为："靠我自己努力行善，就可以解决生死一大事[*]"，对看透了自己是极恶之人，而立誓要予以拯救的弥陀本愿持有怀疑。因此，不能够百分之百地托付给弥陀。所以说善人"非弥陀本愿也"，也就是说，他不是本愿拯救的对象。

然而，即使是这样的人，也终究会惊讶地得知自己正是弥陀所彻见[*]的极恶之人，从而把生死一大事完全托付给弥陀，得以往生净土。

---

* 烦恼具足：完全由烦恼所构成。正如雪人完全是由雪构成一样。
* 生死一大事：死后是沉入永久的苦患，还是获得永恒的乐果，这对人来说最重大的事情。
* 彻见：看穿真实。

　　我们人充满烦恼，无论努力做任何善行，都完全无法脱离生死迷惑*。正是因为悲悯这样的我们，弥陀立下了本愿。

　　使恶人成佛，这才是弥陀的本意。因此，得知自己是"无缘得救之人"，而完全托付给他力*的恶人，才是往生净土的正客*。

　　所以说，连善人都能往生净土，更何况恶人呢。

　　亲鸾圣人如是说。

＊生死迷惑：重复着生生死死，苦恼不绝。

＊他力：阿弥陀佛的力量。

＊正客：真正的拯救的对象。

ぐるなり

煩悩具足の我らはいずれの行にても生死を離るることあるべからざるを憐れみたまひて願をおこしたまふ本意悪人成仏のためなれば他力をたのみたてまつる悪人もと往生の正因なりよりて善人だにこそ往生すれまして悪人はと仰せ候ひき

第三章

善人なをもって往生を遂ぐ、いわんや悪人をや。しかるを世の人つねにいわく、悪人なお往生す、いかにいわんや善人をや。この条一旦その、いわれあるに似たれども、本願他力の意趣に背けり。そのゆえは自力作善の人はひとえに他力をたのむ心欠けたる間、弥陀の本願にあらず。しかれども自力の心をひるがえして、他力をたのみたてまつれば、真実報土の往生を遂

【第四章】

慈悲有圣道、净土之别

——什么才是贯彻始终的大慈悲?

〔原文〕

慈悲有圣道、净土之别。

圣道慈悲者,怜悯爱育众生也。然,极难如愿彻底救助。

净土慈悲者,念佛而尽速成佛,以大慈大悲之心,如愿利益众生也。

于今生,纵然再有悲悯怜惜之心,亦难以如愿救助,故此种慈悲有始无终。

故唯有念佛,乃彻始彻终之大慈悲心也。云云。

〔释义〕

说起慈悲，圣道佛教[*]和净土佛教[*]是有所不同的。

圣道佛教的慈悲，是指对他人以及一切众生怀有怜悯、爱惜之心，并悉心守护、加以培育。

然而，无论再怎样尽心竭力，要如愿地做到充分而彻底的救助，却都几乎是不可能的事情。

而相对于圣道佛教，净土佛教所教导的慈悲，则是指赶快被弥陀的本愿所救，成为念佛之身，之后在净土开悟佛觉[*]，以大慈大悲之心尽情地拯救众生。

在今世，无论再怎样心生怜悯，想方设法要救助对方，也无法做到真正心满意足的拯救。所以，圣道慈悲总是会留下缺憾，不能圆满结束。

因此，唯有获得弥陀本愿的拯救，成为念佛之身，才能够拥有贯彻始终的大慈悲心。

亲鸾圣人如是说。

---

* 圣道佛教：天台、真言、禅宗等，试图依靠自己的力量开悟的佛教。
* 净土佛教：讲说阿弥陀佛拯救的佛教。
* 佛觉：开悟的五十二个阶位之中，最高的觉位。

存知のごとく助け難ければ、この慈悲
始終なし。しかれば念仏申すのみぞ、
末徹りたる大慈悲心にて候うべきと云々。

第四章

慈悲に聖道浄土のかわりめあり

聖道の慈悲というはものを憐れみ愛しみ

育むなりしかれども思うがごとく助け

遂ぐること極めてありがたし

浄土の慈悲というは念仏して急ぎ仏に

なりて大慈大悲心をもて思うがごとく

衆生を利益するをいうべきなり

今生にいかにいとおし不便と思うとも

【第五章】

未曾因孝养父母而念佛一遍

——真正的孝行是什么？

〔原文〕

　　亲鸾迄今为止，未曾因孝养父母而念佛一遍。

　　其故为，一切有情，皆为生生世世之父母兄弟也。无论何人，于顺次生成佛之时，皆当救助。

　　念佛若是以我之力所行之善，则回向念佛，或可救度父母。然，唯抛弃自力，速于净土开悟佛觉，则六道四生之间，无论沉于何种业苦，皆能以神通方便，先度有缘也。云云。

〔释义〕

　　亲鸾迄今为止，从来没有为了给逝去的父母做追善供养而念过一遍佛。

　　那是因为，每当回忆起父母难忘的身影时，我就会想到，在无限的生死轮回之中，一切众生，都曾在某一世做过我的父母兄弟，不由深感眷念。

　　因此，无论是谁，在我下一世成佛之时，都要予以救度。

　　如果念佛是我自己努力种下的善根[*]，那么将这念佛的功德回向给父母，或许能够救助他们。然而，念佛却并非我的善根，所以无法借此拯救他们。

　　对我们来说，唯有赶快抛弃揣度本愿的自力之心[*]，在净土开悟佛觉，这样的话无论对方堕入六道四生[*]中哪一个迷惑的世界，遭受何种痛苦，都能够以佛的方便力[*]，从与自己缘分深的人们开始救起。

　　亲鸾圣人如是说。

---

* 善根：善行。
* 自力之心：怀疑、揣度弥陀本愿的心。
* 六道四生：六道指地狱、饿鬼、畜生、修罗、人间、天上这六种迷惑的世界。又依六道众生出生之形态，分为胎生、卵生、湿生、化生等四类，并称六道四生。
* 佛的方便力：佛引导苦恼的人们获得真实幸福的力量。

六道四生のあひだいずれの業苦に沈めりとも神道方便をもってまず有縁を度すべきなり　と云て

第　五　章

親鸞は父母の孝養のためとて念仏
一返にても申したることいまだ候はず
そのゆえは一切の有情は皆もって世々
生々の父母兄弟なり いずれもいずれも
この順次生に仏に成りて助け候べきなり
わが力にて励む善にても候はばこそ念仏
を廻向して父母をも助け候わめ 自力
をすてて急ぎ浄土のさとりを開きなば

【第六章】

亲鸾我，弟子无一人

——所有人都是弥陀的弟子

〔原文〕

专修念佛之辈，似有"我之弟子，人之弟子"之争，此乃甚为荒谬之事。

亲鸾我，弟子无一人。

其故为，若以我之力而使人念佛，或可称其为我之弟子。然，全蒙弥陀照育而念佛之人，称其为"我之弟子"，实乃傲慢至极之事。

有缘则相聚，缘尽则分离。"背弃师长随他人念佛，则不能往生"，如此之言，切不可说。

如来所赐之信心，竟欲当作己物而讨回耶？再三再四，万万不可。

若合于自然之理，则可知佛恩，亦可知师恩也。云云。

〔释义〕

在相信弥陀一佛、称名念佛的人们之中，似乎有人在争论什么"这人是我的弟子""那人是他的弟子"，这实在是非常荒谬的事情。

亲鸾我，一个弟子也没有。

难道不是这样吗？如果对方是依靠我的力量才得以听闻佛法并称名念佛，那么，或许可以说他是我的弟子。然而，完全是由于弥陀的力量才得以闻法*念佛之人，却说他是我的弟子，这实在是傲慢不逊。

若有缘相伴，则一起同行;若缘分已尽，就只能分离。人的聚散离合，是由错综复杂的因缘所决定的。

断不可以说什么"背叛师长，跟随他人念佛的人，就不能往生净土"。

这岂不等于说，把弥陀赐予的信心错以为是自己给与的，还竟然想要把它夺回来吗？

这种想法实在是大错特错，岂有此理，万万不可。

如果得遇弥陀真实的拯救，自然而然就会得知佛恩，并知晓师恩了。

亲鸾圣人如是说。

---

*闻法：听闻佛法。

める荒涼のとなり
てつづき縁あれば伴い離るべき縁あれば
離るることのあるをも師を背きて人に
つれて念仏すれば往生すべからざるもの
なりなんどいふこと不可説なり
如来より賜りたる信心をわがものがほに
とり返さんと申すやからごそもあるべから
ざれ
これなり自然の理にあいかなはば仏恩をも知
りまた師の恩をも知るべきなり　と云々

第六章

専修念仏の輩のわが弟子ひとの弟子
といふ相論の候らんこともつてのほかの
子細なり

親鸞は弟子一人ももたず候、
そのゆゑはわが計らひにて人に念仏を
申させ候はばこそ弟子にても候はめ
ひとへに弥陀の御もよほしにあずかりて
念仏申し候人をわが弟子と申すこと極

【第七章】

念佛者，无碍之一道也

——被弥陀所救的世界

〔原文〕

念佛者，无碍之一道也。

若谓缘何？信心之行者，天神地祇亦敬伏，魔界外道亦不能障碍，罪恶之业报亦不感，诸善亦不及，故曰无碍之一道也。云云。

〔释义〕

被弥陀所救而念佛之人，是所有一切都不能阻碍的幸福者。

这是为什么呢？因为得到弥陀所赐予的信心之人，天地之神祇都恭敬地向其俯首礼拜，恶魔外道*之辈也无法阻碍，无论犯下多大的罪恶都不会成为痛苦，无论多么殊胜

---

* 外道：佛教以外的所有宗教。

的善行所产生的结果都无法企及，所以是绝对的幸福者[*]。

亲鸾圣人如是说。

---

[*] 绝对的幸福者：获得了绝对不会改变的幸福的人。

第七章

念仏者は無碍の一道なり その いわれ
如何となれば信心の行者には天神地祇
も敬伏し魔界外道も障碍することなし
罪悪も業報を感ずることあたわず
諸善も及ぶことなきゆえに無碍の一道
なりと云々

【第八章】

念佛之于行者，非行非善也
——由弥陀的力量脱口而出的念佛

〔原文〕

念佛之于行者，非行、非善也。

非以我意而行之，故曰非行，亦非以我意而作之善，故曰非善。

全为他力而离自力，故念佛之于行者，非行、非善也。云云。

〔释义〕

对于被弥陀所救的人来说，在口中称名念佛，既不是自己的"行"，也不是自己的"善"，所以说其非行、非善。

因为不是出于自己的思虑与考量而称念，所以不能说是自己的"行"，因此称其为非行。另外，也不是出于自己的辨别与判断而称念，所以也不能说是自己的"善"，因此称其为非善。

这完全是由于弥陀的力量脱口而出的、脱离了自己的意识的念佛，因此对于称念之人来说，既不是他的"行"，也不是他的"善"。

亲鸾圣人如是说。

念仏は行者のために非行非善なり

わが計らいにて行ずるにあらざれば非行

といふ わが計らいにてつくる善にもあら

ざれば非善といふ

ひとへに他力にして自力を離れたる

ゆえに行者のためには非行非善なり

と云々

第八章

【第九章】

虽念佛，却无踊跃欢喜之心

——亲鸾圣人对唯圆房的回答

〔原文〕

"虽念佛，却无踊跃欢喜之心，亦无欲速往净土之心，此为何故耶？"如是问圣人。

答曰："亲鸾亦有此疑问，唯圆房竟与我同心。细细思来，本应为之欢天喜地之事，却不为之欢喜，由此益知往生一定。

"抑止应欢喜之心而不为之喜，乃是烦恼所为。然，佛早知我等，谓之为烦恼具足之凡夫，知晓他力悲愿正是为如此之我等而立，更觉本愿之可依托。

"此外，无有欲速往净土之心，略患微恙，即忧心会否死去，此亦烦恼之所为也。

"自久远劫流转至今之苦恼旧里难抛舍，尚未生之安养净土不思恋，实乃烦恼无比炽盛之人。

"虽有万般眷恋，娑婆缘尽、无力命终之时，则当往生彼土也。无速往净土之心者，弥陀尤施怜悯。

"由此思之，益知大悲大愿之可依托，往生之已决定。

"若有踊跃欢喜之心，亦欲速往净土，岂不反疑无有烦恼耶？"云云。

〔释义〕

"我虽然在念佛，但是却没有欢天喜地般的欢喜之心，也没有生起想要赶快往生净土的心。请问，这是为什么呢？"

面对唯圆房提出的这个坦率的问题，亲鸾圣人回答说："亲鸾我也怀有同样的疑问，唯圆房，原来你也一样啊。"

接着，圣人说道："仔细想来，没有得救之缘的人得到了拯救，本应理所当然地为这不可思议的拯救而欣喜若狂。然而，我却不为之感到喜悦。但正因如此，不是更加清楚地得知'自己无疑可往生净土'吗？

"对理应感到欢喜的事情，却不为之欢喜，这是因为烦恼*在作怪。弥陀从很久以前，就看透了我们是'烦恼具足之人'，而为这样麻木无知的我们立下了本愿。得知此事，更觉本愿之可依赖。

"另外，我也没有想要赶快去往净土的心，有一点小

---

* 烦恼：佛教用语。指欲望、愤怒、嫉妒等，令人感到烦扰苦恼的心。

病小痛，就担心自己'会不会死去'，这也是由于烦恼在作怪。

"自从无始的过去以来直到今天，我在生死轮回中经历过的每一个世界，都是充满了苦恼的艰难所在。然而，对这迷惑的世界，我却感觉像是故乡一般难以抛舍，而对已清楚确定必将前往的弥陀净土，却丝毫不感到向往。由此，越发知道自己的烦恼是多么的强烈与炽盛。

"但是，不管多么的依依不舍，如果与这个世界的缘分已尽，无力再活下去的话，我将会前往弥陀的净土。

"对没有想要尽快去往净土之心的人，弥陀更加慈爱怜悯。

"在弥陀光明的照射下，越看到自身之卑劣，就越得知弥陀的大愿*多么值得依托，也越发清楚知道自己'无疑必往净土'。如果我涌出了欢天喜地之心，并且有速往净土之心，岂不反而会担心，没有烦恼的自己是否被本愿漏掉了呢？"

亲鸾圣人如是说。

---

* 弥陀的大愿：即阿弥陀佛的本愿。

喜ぶべき心を抑えて喜ばでぞるは煩悩の

所為なりしかるに仏かねて知ろうしめして

煩悩具足の凡夫と仰せられたることなれば

他力の悲願はかくのごときの我らがためなり

けりと知られていよいよ頼もしく覚ゆるなり

また浄土へ急ぎ参りたき心のなくていささか

所労のこともあれば死なんずるやんと心細く

覚ゆることも煩悩の所為なり

久遠劫より今まで流転せる苦悩の旧里は捨て

第 九 章

念仏申し候えども踊躍歓喜の心おろそかに
候こと、また急ぎ浄土へ参りたき心の候わぬ
はいかにと候うべきことにて候やらんと申し
いれて候いしかば、親鸞もこの不審ありつるに
唯円房同じ心にてありけり。よくよく案じ
みれば天におどり地におどるほどに喜ぶべき
ことを喜ばぬにてつよく往生は一定と思い
たまうべきなり

たく候わんには煩悩のなきやらんとあやしく候いなまし　と云々

がたくまだ生まれざる。安養の浄土は恋し

からず候ふことまたもつともよく煩悩の興盛に

候にこそ

名残惜しく思えども娑婆の縁つきて力なくして

終わるときかの土へは参るべきなり　急ぎ

参りたき心なき者をことに憐みたまうなり

これにつけてこそよ大悲大願は頼もしく

往生は決定と存じ候へ

踊躍歓喜の心もあり急ぎ浄土へも参り

【第十章】

念佛以无义为义

——超越了人的智慧的他力念佛

〔原文〕

念佛以无义为义,不可称、不可说、不可思议故。云云。

〔释义〕

他力之念佛,不存在凡夫自力的思忖与考量。

这是因为,他力不可思议之念佛*是自力的思虑之心消失殆尽的念佛,这是既无法表达也无法解释,甚至无法想象的,超越了人的智慧的念佛。

亲鸾圣人如是说。

---

* 他力不可思议之念佛:由于阿弥陀佛的力量而不由自主地称念南无阿弥陀佛。

第　十　章

念仏には無義をもって義とす

不可称　不可説　不可思議のゆえに

と仰せ候いき

【别序】

〔释义〕

　　当年,亲鸾圣人在世时,有几位法友怀着共同的心愿,为了获得和圣人同样的信心,往生弥陀的净土,从关东千里迢迢来到京都请教圣人。因为他们当时得到了圣人的亲自教导,所以没有问题。但是如今,随着跟从弟子们闻法念佛的人越来越多,最近我听说,与圣人的教导不同的邪说变得十分猖獗。

　　这真是令人叹息的事情。以下,我将列举这些邪说,并指明其错误之处。

【第十一章】

| 概要 |

　"誓愿不可思议"和"名号不可思议"说的都是弥陀愿力的不可思议，然而却有人刻意将其区分开来，说什么"你是相信誓愿不可思议而念佛，还是相信名号不可思议而念佛"，以此迷惑众人。本章慨叹这种邪义[*]，并加以纠正。

【第十二章】

| 概要 |

　有人说"不学习佛教里重要的经典和释文，就不能往生弥陀的净土"，本章慨叹这种邪义，并加以纠正。

***

* 邪义：不合道理的，错误的教义。

【第十三章】

| 概要 |

　　有人说"那些以为无论造下任何罪恶，弥陀的本愿都会予以拯救，而因此完全不惧怕罪恶的人，是'为本愿自豪者*'，这样的人不能往生。"本章慨叹这种邪义，并加以纠正。

【第十四章】

| 概要 |

　　有人说"念一声佛号，就能够消除八十亿劫*的重罪，所以要相信这一点，而尽量努力多念佛"，本章慨叹这种邪义，并加以纠正。

---

* 为本愿自豪者：以阿弥陀佛的本愿为自豪的人。
* 八十亿劫：无比漫长的时间。

【第十五章】

| 概要 |

有人说"所谓信心获得,就是烦恼具足[*]之身未变,却在今世就开悟了佛觉",本章慨叹这种邪义,并加以纠正。

【第十六章】

| 概要 |

有人说"被弥陀所救之人,在生气时、造罪时,或者与法友[*]发生争论等时侯,每一次都必须要回心忏悔[*]才可以",本章慨叹这种邪义,并加以纠正。

---

* 烦恼具足:完全由烦恼所构成。正如雪人完全是由雪构成一样。
* 法友:共同闻求佛法的朋友。
* 回心忏悔:回转心意,悔改过错。

【第十七章】

| 概要 |

有人说"往生净土之边地*的人，最终还是要堕入地狱"，本章慨叹这种邪义，并加以纠正。

【第十八章】

| 概要 |

有人说"根据为佛法供奉的财物多少，死后开悟佛觉时所得到的佛身会有大有小"，本章慨叹这种邪义，并加以纠正。

---

* 边地：净土的边缘。

【后序】

〔释义〕

之所以会出现以上列举的种种邪说，想来是因为主张邪说之人的信心与圣人的信心有所不同。

亲鸾圣人生前，曾经讲过这样一件事情。

法然上人的门下虽然有许多弟子，但也许是因为拥有相同信心的人比较少，所以关于信心，亲鸾圣人和法友之间曾发生过争论。

争论的起因是圣人的发言。圣人说："我善信（当时亲鸾圣人名为善信）的信心与法然上人的信心完全相同。"

听到这一发言，势观房和念佛房*等人都非常气愤。他们认为亲鸾圣人口出狂言，真是岂有此理，于是愤然说道："师父被称为智慧第一，善信房你身为弟子，怎么能说自己的信心和师父是一样的呢?!"

---

* 势观房、念佛房：两人都是法然上人的高徒。

　　亲鸾圣人解释道："如果我刚才说的是'自己的智慧学问'与恩师法然上人深邃的智慧、广博的学问是一样的，那么各位师兄感到愤慨是理所当然的。然而，我所说的是净土往生的信心。关于这个信心，我和师父没有任何不同之处，完全一致。"

　　听了圣人的回答，众人还是不能理解，依然表示怀疑，并且不断地指责圣人"怎么能说出这种话来"。

　　无奈，最后只好请法然上人进行裁断。法然上人听了争论的原委始末之后，这样说道："我源空（法然上人的别名）的信心是弥陀赐予的信心，善信房的信心也是弥陀所赐予的信心，所以完全是一样的。与我的信心不同的人，是不能往生我将要去往的净土的。"

　　通过这件事情也可以看出，当时，在相信弥陀一佛，称名念佛的人们之中，也有人和亲鸾圣人的信心是不同的。

　　虽然我翻来覆去说的都是同一件事情，但还是姑且写在书中。

　　当朝露般的生命，还停留在我这已似枯草般的身躯上时，听到同朋法友的疑问，我会为他讲述圣人过往的教导，以解其疑惑。然而当我离开人世后，种种邪说想必会争相泛滥。出于这种担心，我将圣人的教导记录下来。

　　若受到散布上述邪义之人的迷惑时，当仔细地用心阅读符合已故圣人心意的，圣人曾使用过的圣教[*]。

基本上，圣教之中，既写着纯粹的真实，也写着为把我们引入真实而讲说的权假方便[*]。

因此，拜读圣教时，舍弃方便而择取真实，离假就真才是圣人的本意。

但这绝不是说，我们就可以随意理解。拜读圣教时，需要反复斟酌，小心谨慎，千万不能弄错了圣教的真意。

那么，该怎样知晓什么是真实呢？在此摘选几处重要的文字，作为判断的基准附在文中。

圣人生前经常这样说："细思弥陀五劫[*]思惟愿，原来只为亲鸾我一人！为救这持有无数恶业[*]之身，弥陀立下本愿，亲鸾为此感恩不尽。"（我深深地体会到，弥陀在五劫那么久远漫长的时间里，经过深思熟虑立下的本愿，完全是为了拯救亲鸾我一个人。为了拯救亲鸾我这个有着无数恶业的人,弥陀奋起立下了本愿,这是多么令人感激不尽、欣喜万分的事情啊!）

---

* 圣教：佛教的典籍。
* 权假方便：为引导人们进入真实而绝对必要的事情。
* 五劫：极其漫长的时间。
* 恶业：罪恶。

如今，我还会时时回想起这句圣人的述怀，并得知，这与善导大师以下的金言没有丝毫差别——"自身现是罪恶生死凡夫，旷劫已来，常没常流转，无有出离之缘。"（我现在也是一个造恶不断、痛苦迷惑之人，并且，自从久远的过去以来，就一直沉没于苦海之中，重复着生死轮回，而且未来永远都没有出离迷界*之缘。）

上文所引用的圣人的话语，想必是圣人为了把沉睡的我们从迷惑中唤醒，而不惜以自身为例告诉我们，人对自己罪恶深重的实相，以及对弥陀悲悯我们的大恩是多么的无知。

事实上，无论是谁，都完全不谈阿弥陀佛的深恩，而只是在意善恶之事。

亲鸾圣人曾这样说过："善恶二事，吾全然不知。其故为，若似如来之所知某事为善，我亦深知，或可说我知善之为善。抑或似如来之所知某事为恶，我亦深知，则可谓我亦知恶之为恶。然，烦恼具足之凡夫，火宅*无常之世界，万事皆为虚假，无有真实，唯有念佛才是真。"（什么是善什么是恶，对这两件事，亲鸾我一概不知。难道不是

＊迷界：痛苦不绝的世界。
＊火宅：着了火的房子。

这样吗？如果像如来知道这是"善事"一样，我清楚地知道某事是善，那么或许能说我知道什么是善。又如果像如来知道某事是"恶"一样，我也清楚地知道那是恶事，那么也许能说我知道什么是恶。但是说到底，充满了烦恼的人，居住在火宅般不安的世界之中，所有一切，都是虚假的、空幻的，毫无真实。唯有弥陀赐予的念佛才是真实的。）

其实，仔细想来，无论是我还是他人，言语之间都充满了虚伪。但尽管如此，我还是必须举出一件令人叹息的事情。

那就是，在互相谈论或者教给他人念佛之心和信心之详情的时候，竟有人为了坚持自己的主张，使对方无法反驳，而把圣人从来没有说过的事情，硬说成是"圣人曾如此说过"。这实在是可悲可叹的事情。这种时候，我们需要特别注意。

本书所写的事情绝非我妄自断言，但毕竟我对佛经及其释文还不能说有充分的理解，对圣教之深浅也不甚明了，所以想必会有不当之处。我只是尽力回忆起亲鸾圣人曾说过的话语，哪怕只有百分之一，也将其记录在此。

难得有幸遇到了难遇之法，成为了念佛之身，若是不能径直往生真实净土，而长久停留于边地[*]，这岂不是令人悲哀的事情？

为了使共同听闻佛法学习教义的法友都能够拥有和圣人相同的信心，我挥泪执笔，写下此书。

意欲将其命名为《叹异抄》。

勿让无佛缘[*]之人阅览此书。

＊边地：净土的边缘。

＊佛缘：与阿弥陀佛之缘。

【有关流刑的记录】

后鸟羽上皇时期，法然圣人大力宣扬他力本愿念佛之一宗。

南都*兴福寺的僧人们对此嫉恨在心，于是直接向朝廷上诉，状告法然一派是"佛法之敌"，又罗列无根无据的谣言，说法然上人的弟子之中有败坏风纪的不法之人。最终，导致法然圣人及其七名弟子被判处流放，另有四名弟子被处以死刑。

法然圣人被判流放土佐国（现在的高知县）的幡多。作为罪人，被改名为藤井元彦男，时年76岁*。

亲鸾圣人被流放越后国（现在的新潟县）。作为罪人，被改名为藤井善信，时年35岁。

净闻房，流放备后国（现在的广岛县）。

澄西禅光房，流放伯耆国（现在的鸟取县）。

好觉房，流放伊豆国（现在的静冈县）。

行空法本房，流放佐渡国（现在的新潟县）。

同时，幸西成觉房和善惠房二人也被判处流刑，但由

---

* 南都：即奈良。
* 76岁：亲鸾圣人和法然上人刚好相差40岁，实际上法然上人此时是75岁。

于无动寺前一代大僧正慈圆出面收留，得以免于流放。

被判流刑之人，共以上八位。

被处以死刑之人，为以下四位。

一、西意善绰房，

二、性愿房，

三、住莲房，

四、安乐房。

以上皆是名为"二位法印尊长"之人的判决。

由于遭受了这样的刑罚，亲鸾圣人已非僧非俗。他因此上奏朝廷，愿以破戒僧之别名"秃"为己姓。

关于此事的呈报书如今还保留在外记厅[*]中。

自遭流刑之后，圣人署名时皆用"愚秃亲鸾"。

────────────────────

*外记厅：当时的政府机构之一。

【批注】

此圣典乃当流之要典。于无宿善之机,不可轻易许之。

(《叹异抄》一书是净土真宗的重要圣典，对佛缘浅薄之人，切莫不分对象轻易让其拜读。)

释莲如

第二部

《叹异抄》解说

备受误解的《叹异抄》

〔原文〕　　　信"被弥陀誓愿不思议所拯救，必遂往生"，欲念佛之心发起之时，即获摄取不舍之利益也。

《叹异抄》第一章

〔释义〕　　　阿弥陀如来发誓"要救度一切众生"。被这不可思议的弥陀的誓愿力所救，成为无疑可往生弥陀净土之身，生起想要念佛之心的时候，就会获得"摄取不舍"这绝对的幸福。

以国宝级美文写就的《叹异抄》使无数的读者为之倾倒，却也由于其深奥的内容，而使人们对亲鸾圣人的教义产生了种种误解。曾经被公认为亲鸾研究最高权威的东京大学某教授，就由于错误地解读了第一章，引起过很大的争议。

事情的起因是这样的。这位教授在高中教科书《详说日本史》中写道："亲鸾教导世人说，若是发自内心地相信阿弥陀佛的拯救，只需一声念佛就能够得到往生极乐的承诺。"

针对出现在教科书上的这种说法，许多人纷纷向报社投稿表示质疑。其中有位读者的来信更是直指核心,他说："如果刚刚生起对弥陀本愿的'信心'就死去了，还没有来得及念一声佛号，这样的人就不能往生了吗？"

对于大家的质疑，这位公认的亲鸾研究的权威人士会做何解答呢？人们都对此拭目以待。然而，教授的回答却非常冷淡，令众人大为失望。他说："我不知道这对你来说是否算是回答，总之请你仔细阅读《叹异抄》，所有的答案都在那里面。"

于是，笔者也认真仔细地研读了《叹异抄》。

的确,《叹异抄》第一章中写道:"欲念佛之心发起之时，即获摄取不舍之利益也。"

"获摄取不舍之利益"说的是得到弥陀的救摄，往生极乐一事已经确定。那么这是在什么时候呢？文中说，是在"欲念佛之心发起之时"。

＊摄取不舍之利益：被牢牢救摄，绝对不会被舍弃的幸福。

很显然，《叹异抄》中说，往生极乐一事得以确定是在"念佛之前"。因为只有"欲念佛之心发起"之后，念佛才会脱口而出。由此可知，教科书中的内容明显与原文不符。

就在这问答之间，报纸上又接连登载了读者们热烈的发言，净土真宗的学者们也开始公开发表意见，强烈谴责东大教授的谬误，要求他加以订正。

在保持一段时间的沉默后，这位东大教授终于撤回了原来的主张。他订正说："在想要念佛之心生起的时候，立刻就会得到弥陀摄取不舍的利益。"

那本引发争议的教科书，也被修改为："亲鸾的教义不是靠念佛得救，而是只靠信心得救"。

这种关乎亲鸾圣人核心教义的谬误，为什么会产生呢？

那是因为，这位教授错误地解读了"欲念佛之心发起之时"，把它理解成了"念第一声佛的时候"。

尽管"欲念佛之心发起之时"和"念第一声佛的时候"，在时间上明显是有先后顺序的。

通过这件事情也可以知道，《叹异抄》是多么容易令人产生误解，即使是东京大学的教授、亲鸾研究的权威人士也不例外。

然而,《叹异抄》第一章凝缩了全书的内容,作为《叹异抄》中最重要的一章,是万万不可以误解的。像东大教授这样的谬误将会影响到对《叹异抄》全书的理解,是绝对不能坐视不顾的。

有关《叹异抄》的误读不仅于此,接下来本书将针对一些特别重要的内容加以订正,希望《叹异抄》能由此放射出真正的光彩。

亲鸾圣人阐明了弥陀拯救的时间与内容的话语

〔原文〕 信"被弥陀誓愿不思议所拯救，必遂往生"，欲念佛之心发起之时，即获摄取不舍之利益也。

《叹异抄》第一章

〔释义〕 阿弥陀如来发誓"要救度一切众生"，被这不可思议的弥陀的誓愿力所救，成为无疑可往生弥陀净土之身，生起想要念佛之心的时候，就会获得"摄取不舍"这绝对的幸福。

听到"佛教"，人们都会联想到地狱或极乐这些死后的事情。说起"弥陀的誓愿"，大多数人也只以为是阿弥陀佛发下的让我们死后去往极乐世界的誓言。

然而，亲鸾圣人打破了世人的这种错误认知，明确指出阿弥陀佛的拯救不是在死后,而是"现在"就能够完成,并且明确阐释了弥陀拯救的内容,为所有人开启了真实的人生之路。

凝缩了《叹异抄》全书十八章精髓的第一章,正是对这圣人教义之肝要*的概述,内容极为重要。

在第一章里,先是明确指出,古往今来全人类追求不已的人生目的,就是得到弥陀的拯救——"获摄取不舍之利益"。接着又告诉我们,达成这人生的目的,是在"被弥陀誓愿不思议所拯救,欲念佛之心发起之时"。并且还一语道破,这弥陀的拯救对所有人都是平等的,没有丝毫差别。

下面,让我们通过《叹异抄》第一章,更加详细地了解一下弥陀拯救的时间与内容。

首先,关于弥陀拯救的时间,在第一章中说是"欲念佛之心发起之时",明确指出于"平生*之一念*"就会得到弥陀的救度。

那么,拯救的内容又是怎样的呢?

答案就是"获摄取不舍之利益"。用词虽然简洁明了,

---

*肝要: 唯一的、最为重要的事情。
*平生: 在活着的时候,而不是死后。
*一念: 比几兆分之一秒都要短的时间。

含义却极为深邃重要。

　　"摄取不舍之利益"指的是什么呢？这本应是读者们最想知道的事情，却不知为什么，大家似乎又都对其不求甚解。

　　有人将其解释为"被摄取在弥陀无限的光明(力量)之中，不会被舍弃的拯救的恩泽"，也有人理解为"救摄所有的人，并且不会舍弃的阿弥陀如来之恩惠"，还有人说是"被如来无限的慈悲所包容，不会动摇的精神上的安心"等等。每一种解释看起来都煞费苦心。

　　虽然说，"摄取不舍之利益"指的就是"弥陀伟大的救度"，但这伟大的救度具体是怎样的救度呢？得救之前和之后，又有什么样的变化呢？

　　如果不把得救前后的差异阐述清楚，《叹异抄》就会一直被笼罩在浓浓的迷雾之中。

　　那么，"摄取不舍之利益"到底是怎么回事呢？让我们赶快看一下结论吧。

　　"摄取不舍"，就是"摄取而不舍弃"，"利益"就是"幸福"的意思。"于一念被牢牢地摄取，永远都不会被舍弃，这不会改变的幸福"，就叫做"摄取不舍之利益"。也可以称之为"绝对的幸福"。

幸福，是我们人活着的目的，帕斯卡尔也曾经这样说过。即使是自杀的人，也是希望通过死亡能得到安乐。所以说，人的一切行为都是为了追求幸福，除此之外没有其他目的。

然而，我们所追求的幸福喜悦都是变幻无常的，总有一天会变成痛苦悲伤，甚至会崩溃坍塌、化为乌有。

新婚的喜悦、买房的满足，又能持续多久呢？不知什么时候，深爱的伴侣就会由于疾病或事故而突然倒下；也不知什么时候，炽热的爱情就会冷却，曾经相爱的两人最终各奔东西。

事实上，这世间充满了愁叹之声。有人为失去丈夫而痛苦不堪，有人为失去妻子而悲伤不已，有人为孩子的不孝而愤懑难平，有人为与心爱之人的生离死别而伤心欲绝。

花费一生心血买到的房子，于一夜之间就化为灰烬；昨天还其乐融融的家庭，由于事故或灾害瞬间就家破人亡……

在这些做梦也没有想到的残酷现实面前，人们唯有仰天长叹、茫然自失。辛酸的泪水溢满了人间。

今日有明日无的幸福，犹如梦幻泡影般难以把握，总是缠绕着如履薄冰般的不安。即使能暂时维系一段时间，那也不过是死刑前夜的晚宴，所有幸福于瞬间崩溃的悲惨结局——死亡，正一步步逼近眼前。

> 将死之时，曾赖以依凭之妻、子、财宝，无一相随我身。故死出山路之末、三涂大河，须唯我一人独渡。
>
> 《御文章》*

有妻子儿女，生病的时候可以指望他们在身边照顾；有金钱财产，衣食住行等事就无需担心。然而这些平日里依赖的妻子财宝，在死亡面前，却无一可以依靠。当所有的一切都被夺走，独自一人踏上死亡的旅途时，赤条条的，究竟会去往何方？

莲如上人这样向我们敲响警钟。

当死亡的阴影掠过脑际的时候，所有的喜悦都越发空虚苍白，唯有"为什么活着"的疑问会占据脑海。

而此时，亲鸾圣人的回答——"即使死亡来临也不会改变的'摄取不舍之利益'才是人生的目的"，则会无比真实地回响耳际。

为了追求风中残烛般的幸福，今天，人们又在忙忙碌

---

*《御文章》：莲如上人的书简集，共五卷八十篇。

碌地辛苦奔波。无论如何都要把"摄取不舍之利益"传达给这样的人们，告诉人们真实幸福的切实存在。

只要获得了这弥陀赐予的摄取不舍之利益，就会无论何时何地都能感到心满意足，充满喜悦，尽享达成人生夙愿的醍醐妙味。

让我们来看一下亲鸾圣人欢喜的证言吧。

> 诚哉，摄取不舍真言，超世希有正法。
>
> 《教行信证》*
>
> 是真的！是真的！摄取不舍之利益是真实的！弥陀的真言没有半点虚假！

当永久的黑暗被破除，无尽的苦恼都转化为绝对的幸福时，亲鸾圣人发出了这样惊喜的呼喊。

而倾其一生，将这摄取不舍之妙法详细教给我们的，也正是亲鸾圣人。

---

*《教行信证》：亲鸾圣人最重要的著作。

怎样才能得到弥陀的拯救呢？
——唯以信心为要

〔原文〕　　　应知弥陀本愿，不简老少善恶之人，唯以信心为要。

《叹异抄》第一章

〔释义〕　　　弥陀的救度，不分年老年少，也不问善人恶人，对所有人没有丝毫差别。然而必须知道，有一个唯一的、最为重要的事情，那就是对佛愿无有疑心的"信心"。

世间有一种广泛流传的错误认知：只要念佛，任何人都可以往生极乐，这就是亲鸾圣人的教导。

本章要阐明的话语，不仅破除了世人的这种错误认知，也纠正了人们对《叹异抄》全书容易产生的种种误解，是圣人极为重要的一句断言。

"弥陀本愿，不简老少善恶之人。"

正如大海不择尘芥*，弥陀的救度对任何人没有丝毫差别。不问年龄的老幼，也没有世间所谓的善人恶人之分，弥陀本愿不加任何区别地拯救一切众生。但是，在句尾，亲鸾圣人特地叮嘱道："唯以信心为要"。

听到"以信心为要"，人们可能会以为，这就和其他宗教一样，也是要人去相信什么。但其实，亲鸾圣人所说的"信心"，与其他宗教的信心有着根本性的不同，指的是启浊世之蒙*的真实信心。

一般宗教所说的信心，指的是虔诚地相信神佛，向其祈求财运亨通、祛病除疾、消灾延寿、阖家平安等幸福。所以关于"信心"一词，大多数人都把它理解成深深地相信神佛，"不怀疑"的意思。

然而，仔细思考一下就会明白，如果对于自己相信的对象没有丝毫的怀疑，我们是不会说"相信"的。正如不会有哪位妻子说："我相信自己的丈夫是个男人"，因为那是根本不需要怀疑的事情。被火烧成重伤的人也不会说"我相信火是热的"，因为他已经清楚体验到了火的灼热。

对于没有丝毫怀疑余地、清楚明了的事情，我们会说

---

* 大海不择尘芥：无论什么样的尘芥，大海都会接受。
* 启浊世之蒙：把浊世的人们从无知与迷惑中拯救出来。

"知道"，而不会说"相信"。说"相信"的时候，是因为心中存有"怀疑"。

举例来说，不管成绩多么优秀的学生，在报考重点大学时，因为不能确定到底考得怎样，所以直到放榜为止他都只会说"我相信自己能考上"，而不会说"知道能考上"。那是因为，"不怕一万就怕万一"，正是由于他心中存有疑虑，所以才会说"相信"。

世人所说的对神佛的信心也是这样的。人们对自己相信的对象，其实心中是存有怀疑、不确定的。压制住心中的怀疑，努力让自己去相信，这就是一般所说的信心的实态。

而亲鸾圣人称之为肝要的"信心"，与上述的信心在本质上有着根本性的不同。那么，到底有什么不同呢？下面用一个比喻来详细说明。

坐飞机的时候，不巧遇上了不稳定的气流，机身在剧烈地摇晃。这时听到机长广播说："各位旅客，飞机遇到不稳定的气流正在颠簸，但安全上完全没有问题，请大家放心。"尽管听到机长的广播，乘客心中还是会产生怀疑与不安。而这种怀疑与不安，在飞机安全着陆的时候就会完全消失。

对"必定拯救"这一诺言的怀疑，在被救之时就会消

失。对"必定给予"这一诺言的怀疑，在得到之时就会消失。同样，对于弥陀许下的"必定赐予你们摄取不舍之利益（绝对的幸福）"这个诺言（本愿）的怀疑，在我得到摄取不舍之利益的时候就会完全消失。

这个"对弥陀本愿再无丝毫怀疑的心"，就是亲鸾圣人所说的"信心"，或者"信乐"。

而对弥陀本愿怀疑尽消的心，绝不是靠我们自己的力量能够产生的。我们之所以会生起这样的心，完全是由于弥陀所赐。

因此，这个"信心"又被称为"他力之信心"。所谓"他力"，就是弥陀所赐的意思。

由此可知，亲鸾圣人所教导的信心，与那种我们自己"努力相信不怀疑"的"信心"是完全不同的，这是弥陀所赐予的"对弥陀本愿怀疑尽消之心"，是超世希有的"信心"，因此也被称为"信乐"。

除了这个"他力之信心"，亲鸾圣人没有教导过其他事情。所以亲鸾圣人的教义也被称为"信心为本"，或是"唯信独达之法门"。

* 超世希有：在大宇宙中独一无二。
* 信心为本：只凭信心得救。
* 唯信独达之法门：只凭信心得救的教义。

下面列举几处圣典中简洁明了的根据。

涅槃真因唯以信心。

《教行信证》

往生净土的真实之因，唯有信心。

正定之因唯信心。

《正信偈》[*]

成为可成佛之身的真因，唯有信心。

莲如上人也在《御文章》中断言：

"祖师圣人相传一流[*]之肝要，唯限此信心一事。"

（第二卷第三篇）

并在遗言中说道：

"可怜啊，可怜，希望大家都能在有生之年信心决定[*]。我朝夕所念，只有这一件事。"

（第四卷第十五篇）

凝缩了《叹异抄》全书内容的第一章，尽管篇幅短小，表达了他力信心的"信"字却在文中屡次出现：

---

*《正信偈》：亲鸾圣人以汉文写下的诗歌，教导了正确的信心。

* 祖师圣人相传一流：亲鸾圣人一生的教导。

* 信心决定：被弥陀所救，也叫做信心获得。

"信必遂往生"

"故若信本愿"

"唯以信心为要"。

由此可知，对于亲鸾圣人的教义来说，"信心"有多么重要。

如果不明白这至关重要的"他力之信心""信乐"，要想读懂《叹异抄》，无异于缘木求鱼[*]。这一点，我们一定要牢记在心。

---

*缘木求鱼：爬到树上去找鱼。比喻徒劳无功，不可能达到目的。

善亦不需，恶亦不惧，
你能相信这样的事情吗？

〔原文〕　　　故若信本愿，则无需他善，因无有胜于念佛之善故；恶亦不需惧，因无有障碍弥陀本愿之恶也。

《叹异抄》第一章

〔释义〕　　　因此，如果被弥陀本愿所救摄，则无需一切之善。因为没有任何善，比弥陀所赐予的念佛更为殊胜。

　　　而且，无论造下什么样的罪恶，也不会再有丝毫的恐惧与不安。因为没有任何恶，是弥陀本愿所不能救摄的。

　　这是《叹异抄》中尤其容易受到误解的一段文字。

　　亲鸾圣人在世时，似乎就已经有人肆意曲解弥陀的本愿，满不在乎地造恶。他们以为"既然要得到弥陀本愿的救度，没有比念佛更大的善，那么只要口中念佛就可以了，没有必要去做其他善事。而且，既然没有本愿不能拯救的恶，那就可以尽情地造恶，根本无需惧怕"。对这样的人，亲鸾圣人曾再三忠告说"不要放逸无惭*"。

下面列举几句亲鸾圣人告诫此事的话语。

> 自谓往生已定，不应为之事而为之，不应思之事而思之，不应言之事而言之，此乃万万不可之事。
>
> 《末灯钞》*

扬言说"我已经是能够往生极乐的人了"，而为所欲为地做不该做的事，想不该想的事，说不该说的话，这些都是绝对不可以的事情。

> 似有人互做此言：因是烦恼具足之身，便可随心所欲，任身为不应为之事，任口言不应言之事，任心思不应思之事，心所想而即为之。此乃甚为可悲之事。恰如酒醉未醒而更劝，中毒未消而益勉。"此处有药，可好毒"，出此言者，何处之有！
>
> 《末灯钞》

---

*放逸无惭：为所欲为地造恶，却丝毫不感到羞愧。
*《末灯钞》：亲鸾圣人的书简及话语集。

　　似乎有人在互相谈论着什么：反正我们都是烦恼具足的人，所以爱怎样就怎样，随心所欲地做些不该做的事，说些不该说的话，想些不该想的事，这都是没办法的事情，并不需要克制自己。对此我实在感到痛心不已。

　　这就好比一个人已经烂醉如泥，却还要让他继续喝酒；一个人因中毒正在痛苦，却劝他说"这里有解药，不用怕，你再多喝些毒。"怎么可能有这么愚蠢的人呢?!

　　上述话语，字里行间都流露出圣人的悲愤之情，由此也可以知道，理解弥陀本愿的真意何其困难。

　　那么,本章要阐述的《叹异抄》第一章中的这段话语，真正的含义到底是什么呢?

　　所谓"无需他善（不需要其他善）"是说，信弥陀本愿而得到了本愿救度的人，已经依靠弥陀赐予的念佛，获得了往生一定*的大满足，所以不会再有丝毫"为了往生而想要行善之心"。

　　这就如同吃下特效药，已经治好了难治之症的病人，

---

* 往生一定：清楚得知能够往生弥陀的净土。

不会再有半点想要求助于其他药物的心。如果还有想要求助于其他药物的心，那是因为疾病还没有彻底治愈。

已经得到了救摄的人，不可能为得救而需要行善。如果还有想要通过行善而得救的心，就证明这个人还没有得到救度。

接下来，"恶亦不需惧（不需要惧怕恶）"的含义是这样的。

> 任何行皆难及之身，地狱必为永恒之家。
>
> 《叹异抄》第二章
>
> 任何善行都做不到的亲鸾，除了地狱无处可去。

通过圣人的这一告白可以知道，亲鸾圣人已经清楚地得知了自己是除了地狱无处可去的极恶之人。对于这样的圣人来说，不可能有什么恶会令他感到恐惧。这就好比已经被最高法院判处死刑的罪犯，不会再有任何其他的判决令他感到惧怕。

信弥陀本愿得到了本愿救度的话，就会得知自己无法得救必堕地狱，同时也会得知自己无疑得救必往极乐，进入这不可思议的"二种深信[*]"的世界。对于已经进入这个世界的圣人来说，"恶亦不需惧"的告白也是理所当然。

会由于惧怕罪恶而感到不安，那是因为还没有得知自己是必堕地狱的极恶之人。

《叹异抄》中的这段话，正是成为了善亦不欲、恶亦不惧之身的圣人，对弥陀所赐予的不可称、不可说、不可思议[*]之超世希有信心（信乐）的直率表露。

如果知道了这不可称、不可说、不可思议的大信海[*]（他力之信心），《末灯钞》中所告诫的种种误解是绝对不可能出现的。圣人深深的悲叹，似乎还回响在我们耳边。

也正是因为预见到对《叹异抄》的这种误解，莲如上人才禁止佛缘浅薄之人随意阅读。如此透彻的洞见，实在令人惊叹。

＊二种深信："自己无法得救"和"自己必能得救"，这两件事没有丝毫怀疑地同时清楚得知，并一直持续到死亡，如此不可思议的信心。

＊不可称、不可说、不可思议：无法表达、无法解释，也无法想象。

＊大信海：阿弥陀佛赐予的信心的世界。

弥陀的救度全凭他力，
所以我们就不需要
认真地闻法求道吗？

〔原文〕　　　诸位越十余国之境，不顾身命来访之志，
定只为闻问往生极乐之道也。

《叹异抄》第二章

〔释义〕　　　各位跨越十余国的山河，从关东千里迢
迢，不顾生命危险前来见我亲鸾，目的只是
为了问明往生极乐之道这一件事吧。

世人都以为："佛教不过就是劝人废恶修善的教义，
什么是善什么是恶自己都分辨得清，没必要特地花时间去
听。"即使有缘遇到佛法，也很少有人知道佛法所讲的，
是生死一大事*及其解决的方法。

---

*生死一大事：死后是沉入永久的苦患，还是获得永恒的乐果，这对人来说最重大的
事情。

不仅如此，甚至还有人不负责任地信口开河："不用听什么佛法，也不需要做什么努力，反正是靠他力得救，大家死后都能去极乐""佛法是不需要认真听闻的"。说得好像去往极乐无比简单。

然而，在《叹异抄》第二章中，却记载着为佛法不惜生命的关东法友与亲鸾圣人异常紧张的对峙场面。

要理解这个场面，首先需要了解相关的背景，下面就简单地介绍一下亲鸾圣人的经历。

大约八百年前，亲鸾圣人出生在日本京都，当时是平安时代末期，正值源平争战，时局动荡不安。圣人年仅4岁就失去了父亲，8岁时又失去了母亲，他震惊于死亡的阴影，意识到下一个死去的就会是自己，于是为了解决生死一大事,9岁时就剃度出家，成为了比叡山*天台宗的僧侣。

比叡山上二十年,圣人所进行的艰苦卓绝的佛道修行，都是在与烦恼*做生死搏斗。然而，烦恼之心却犹如奔窜狂吠的野狗，无论怎样驱赶，都缠绕脚边无法撵走。

"无常*之风随时都会不期而至。这样下去，自身犹如釜中之鱼*，必定无法脱离永久的苦患。"步步紧逼的无常

* 比叡山：位于日本的京都与滋贺县之间，是天台宗的本山。又称叡山。
* 烦恼：佛教用语。指欲望、愤怒、嫉妒等，令人感到烦扰苦恼的心。
* 无常：人的死亡。
* 釜中之鱼：在锅里马上就要被点火蒸煮的鱼。比喻死亡就在眼前。

风暴令亲鸾圣人心急如焚，他对比叡山上的修行深感绝望，终于决意下山寻求他路。

"何处有我亲鸾的得救之路？哪里有指引我的高僧大德？"亲鸾圣人犹如梦游病人一般徘徊在京都的街道上。

就在这时，圣人邂逅了比叡山上的旧友圣觉法印，通过圣觉法印，得以遇到净土宗的开宗祖师，名震一时的法然上人。此后，无论刮风下雨，圣人都前往法然上人的道场全神贯注地听闻佛法，终于，于一念得到了阿弥陀如来本愿的救度。此时，亲鸾圣人29岁，法然上人69岁。

对净土宗的弹压

当时，追随法然上人的信众急速增加，其中不仅有平民和武士，还有天台、真言、禅宗等圣道佛教的学者，以及朝中大臣、王公贵族等等。

迅速发展壮大的净土宗，令圣道门各宗派深感危机。就连他们的靠山，公卿贵族们都开始支持法然上人，这令他们再也无法坐视不管。不久，圣道诸宗串通一气，发起了前所未闻的直接向朝廷控诉的事件。

承元元年（1207年），朝廷下达命令，宣布解散净土宗、禁止宣扬念佛，并判处法然、亲鸾两位圣人以及其他六人流放，将住莲、安乐等四位弟子处以死刑。

亲鸾圣人原本也被判处死罪，幸而由于原朝廷重臣九条兼实等人尽力斡旋，后来才改判为流放越后（新潟县上越市）。时年圣人35岁。而法然上人则被判处流放偏远的土佐（高知县）。

圣道诸宗与掌权者相互勾结制造的这起弹压事件，在日本佛教史上史无前例，世称"承元法难"，被记录在《叹异抄》末尾。

从越后到关东，再至京都

在风雪严寒的越后之地，亲鸾圣人度过了五个春秋。得到赦免的通知后，圣人来到关东，在常陆（茨城县）一个叫做稻田的地方结草为庵。在这里，圣人专心致志地弘扬弥陀本愿二十年。

花甲之年过后，圣人离开了关东，回到故乡京都埋头著述。圣人的著作，大多是在76岁之后撰写的。

而在亲鸾圣人回到京都之后，关东发生了多起扰乱圣人教义的事件，致使法友们的信仰产生了激烈的动摇。在这种情况下，几位法友决心代表大家远赴京都，直接向亲鸾圣人询问真实的教义。

从关东到京都，步行需要几十天才能到达。途中不仅有艰险的箱根山和大井川，还有山贼强盗频繁出没，困难重重，谁都无法保证能够活着回来。关东法友们踏上的，正可谓是"不顾身命"的旅途。

然而，"即使豁出生命也要听的就是佛法"，圣人日常的教导一直回响在他们的耳边。

往生极乐之道

面对豁出生命远道而来的关东法友，亲鸾圣人一语道破了他们的来意，这就是《叹异抄》第二章的开篇。

"你们不顾生命危险来到这里的目的，就是为了问明往生极乐之道这一件事吧。"

通过这句话也可以知道，在关东二十年间，圣人教导的就只有"往生极乐之道"这一件事情。

那么，"往生极乐之道"是什么呢？

就是阿弥陀佛所许下的，"必定使你们成为能够往生极乐净土之身"的诺言（誓愿）。

因为在对这个诺言疑心尽消的一念，就会得到往生一定*的大安心，成为必往极乐之身，所以亲鸾圣人把这弥陀的誓愿称为"往生极乐之道"。这是解决生死一大事的唯一道路，也是亲鸾圣人毕生的教导。

---

*往生一定：清楚得知能够往生弥陀的净土。

而关东的法友们，正是因为对这至关重要的弥陀誓愿心生疑念，对如何才能往生极乐深感困惑，才为了得到"往生一定的大安心"，不顾生命危险前来询问亲鸾圣人。他们的心情，可想而知。

闻法的决心

> 纵然大千世界中，
> 充满大火亦穿越，
> 得闻佛之御名人，
> 即成永久不退身。
>
> 《净土和赞》[*]
>
> 即使整个宇宙都变成火海，也坚持听闻佛法，被弥陀所救的人，必定会获得永恒不灭的幸福。

亲鸾圣人这样明确断言。

莲如上人也同样鼓励我们："穿越大火也要闻法，风霜雨雪何足论"，并教导说：

> 佛法应辞去世间闲暇而听闻，若以为佛法是空出

----

*《净土和赞》：亲鸾圣人所写的赞叹阿弥陀佛及其净土的诗集。

世间闲暇而听闻之事，则大错特错。

《御一代记闻书》[*]

佛法所讲的是无比重要的事情，即使辞去世间的工作（世间的闲暇）也要听闻。以为在工作之余，有时间的时候听听就行，那是因为还没有明白真正的佛法，这是很可悲的事情。

解决生死一大事，圆满达成出世的本怀[*]，这才是我们活着的真正目的，因此，莲如上人将活着的手段（工作）称为"世间的闲暇"。这一针见血的教导实在令人惊叹。

然而如今，又能在哪里听得到亲鸾圣人、莲如上人的这一教导呢？

如果不明白即使豁出生命也要听闻的真实佛法，那么，无论怎样费尽心血用心研读，也不会明白《叹异抄》第二章以及全书的真意，只会留下失之交臂[*]的遗憾。

---

[*]《御一代记闻书》：莲如上人的言行录。

[*]出世的本怀：出生来到这个世上的目的。

[*]失之交臂：可惜错过了好机会。

阿弥陀佛的本愿是
只靠口中念佛就能得救吗?

〔原文〕 于亲鸾而言, 蒙良师教导"唯念佛, 被弥陀所救", 但信此言, 别无其他。

《叹异抄》第二章

〔释义〕 亲鸾我, 唯有信顺法然上人的教导:"应信本愿而念佛, 被弥陀所救", 除此以外别无其他。

"唯念佛, 被弥陀所救", 亲鸾圣人的这句话备受世人误解。许多人都将"唯念佛"理解为"只需口中称念南无阿弥陀佛", 以为亲鸾圣人是只靠称名念佛得救的。

这种误解, 源自于对亲鸾圣人教义的一知半解。

前文已经详细阐述过, 亲鸾圣人自始至终都是在教导

"只靠信心得救"，所以圣人的教义被称为"唯信独达之法门[*]"。

关于这一点，《叹异抄》第一章中已明确指出："唯以信心为要"。莲如上人也有很多相关的教导，下面仅从《御文章》中列举几例。

> 为往生净土，唯依他力之信心[*]。
>
> （第二卷第五篇）

要往生净土，只有依靠他力之信心，其他都无济于事。

> 只依信心，即可往生极乐。
>
> （第二卷第七篇）

只靠信心，就能够往生极乐。

> 仅取他力之信心，即可易往极乐，更无丝毫怀疑。
>
> （第二卷第十四篇）

只要获得他力之信心，就必定能够往生极乐，这一点毫无疑问。

---

*唯信独达之法门：只凭信心得救的教义。
*他力之信心：阿弥陀佛赐予的信心。

而最脍炙人口的，就是下面这段文字了。

圣人一流功化之趣旨，以信心为本。

（第五卷第十篇）

亲鸾圣人的教义，就是"只凭信心而得救"。

莲如上人如此断言。

既然亲鸾圣人的教义是只靠信心得救,那么,《叹异抄》中所说的"唯念佛"又是什么意思呢？

"唯念佛"的"唯"字，其实是圣人清楚得知了弥陀的拯救真的是没有任何条件，而为这完全无条件的圆满拯救所发出的惊叹。

我们人因为没有真实之心,所以无法接受真实的教义。即使必堕地狱的罪恶本性被揭露出来，也不如丢了一百块钱那么惊讶；即使生命无常难保明天的事实被摆在眼前，也满不在乎地以为来日方长；就算听到"弥陀发誓说会无条件地拯救这样的你"，也还不如得到十块钱那么高兴。

心想这样怎么能够获救,于是试图努力认真闻法，却又发现一颗呆滞麻木、无动于衷的心，就好像一头死沉的牛醡卧在心底，竟没有一丝反应，根本不想听闻。这时才会意识到，亲鸾圣人所说的"死骸之心"原来就是它。

"反正我这个人，永远都没有听闻佛法的心"，得知自己是无可救药之人，不由得发出抱怨，却听到弥陀说："我从久远以前就清楚知道你是如此之人，所以才会对你说'无需做出任何改变，你是怎样就怎样托付于我'。"这样的拯救，怎不叫人惊讶万分？

清楚地得知除了地狱无处可去的真实自己，唯有交给弥陀任凭处置——亲鸾圣人所说的"唯念佛"的"唯"，就是这样将一大事之后生*全盘托付给弥陀的"唯"。

这是无论听力多么弱的人都能够听到的，不可称不可说不可思议的无声的召唤。"唯"之一字，表达的正是弥陀与我同时获得了生命的"他力之信心"。

而"唯念佛"的"念佛"，则是出于得救的喜悦喷涌而出的"感谢的念佛"。

以《正信偈》为例来说，就是以下这句话中所说的念佛。

唯能常称如来号，应报大悲弘誓恩。

获得他力信心之后，心中就会一直充满着对弥陀救度之恩的感谢，常常念佛以报答弥陀的大恩。

---

*一大事之后生：死后是沉入永久的苦患、还是获得永恒的乐果，这对人来说最重要的事情。

在《御文章》中，也对感谢的念佛做了详细的解释。

> 其后之称名念佛，应知是为报谢弥陀定我往生之恩而称念也。
>
> （第五卷第十篇）

得到弥陀拯救之后的念佛，是出于净土往生已经决定的大满足之心，为报谢弥陀拯救之恩而称念的。

> 所谓"摄取不舍"，乃摄取且绝不舍弃之意也。为弥陀摄取者即称为获信心之人。此后无论醒、寐、坐、立，凡称念"南无阿弥陀佛"，皆乃感念此身被弥陀所救，为报佛恩之念佛也。
>
> （第一卷第七篇）

"摄取不舍"，就是"被牢牢地救摄，绝对不会被舍弃"的意思。也就是说，得到了弥陀的救摄，获得了永远都不会改变的幸福。成为这摄取不舍之身的人，就被称为"获信心之人"。被救摄为绝对的幸福之身后，无论醒着、睡着、坐着、站着，所称念的"南无阿弥陀佛"，都是为报答弥陀拯救之恩而称念的感谢之念佛。

再用《叹异抄》第一章中的话来说，"唯念佛"的"念佛"，就是出于"获摄取不舍之利益"（信心获得）的喜悦，由"欲念佛之心"喷涌而出的报谢佛恩的念佛。

　　由此可知，"唯念佛"的真意，必须依照亲鸾圣人"信心正因*、称名报恩*"的教义才能够正确理解。否则，就会偏离一实圆满之真教*、真宗*。

---

* 信心正因：只靠信心得救。

* 称名报恩：为感谢弥陀的救度而称名念佛。

* 一实圆满之真教：唯一的真实，圆满无缺的真实教义。

* 真宗：真实的宗教。

亲鸾圣人真的不知道
念佛是往生之因
还是地狱之业吗？

〔原文〕　　　念佛实为往生净土之因，抑或堕入地狱之业，吾全然不知。

《叹异抄》第二章

〔释义〕　　　念佛究竟是往生净土之因[*]，还是堕入地狱之业[*]，亲鸾我一概不知！

　　"念佛是往生净土的因，还是堕入地狱的业，原来亲鸾也根本不知道呀。""对不顾生命危险前来询问的人做出这种回答，亲鸾也太不负责任了！"读到《叹异抄》第二章中的这句话，不懂亲鸾圣人教义的人们往往会做出这样的指责。

---

*因：原因。
*业：行为。

然而，事实却是完全相反的。

亲鸾圣人不仅明确断言，弥陀的本愿念佛是"往生极乐之道"，并且教导人们，除了念佛以外，再无其他往生净土之路。作为亲鸾圣人的教义，这是非常清楚的事情。以下引证两三处明白易懂的圣人的话语。

> 念佛成佛是真宗，
> 万行诸善乃假门，
> 不辨权实真假故，
> 不知自然之净土。
>
> 《净土和赞》[*]

依靠念佛而开悟佛觉[*]，这就是真实的佛法。其他的佛教，都是引导人们达成这一目的的方便之教义[*]。

> 称南无阿弥陀佛，
> 此世利益无边际，
> 流转轮回之罪消，
> 定业中夭亦除却。
>
> 《净土和赞》

---

[*]《净土和赞》：亲鸾圣人所写的赞叹阿弥陀佛及其净土的诗集。
[*] 佛觉：开悟的五十二个阶位之中，最高的觉位。
[*] 方便：为了把我们引入真实而绝对必要的手段。

　　称名念佛的话，长久以来痛苦折磨自己的罪障就会消失，本应遭受的大难、夭折等灾祸也会得以避免，从今世就会充满幸福。

　　诽谤念佛之有情，
　　堕在阿鼻地狱中，
　　八万劫中大苦恼，
　　经说遭受无间断。

　　　　　　　　　　　　　　　　《正像末和赞》*

　　佛经中说，念佛是最为殊胜的事情，诽谤念佛的人所遭受的业报无比可怕，必定会堕入阿鼻地狱（无间地狱）*，在八万劫*的漫长时间中，不间断地遭受巨大的痛苦。

　　在《教行信证》中，亲鸾圣人还详细地教导，弥勒菩萨*要在五十六亿七千万年之后才能够得到佛觉，然而，念佛之人却是在今世生命终结的同时，就会开悟成佛。

＊《正像末和赞》:亲鸾圣人所写的诗集,阐明了阿弥陀佛的本愿才是唯一的得救之路。

＊阿鼻地狱（无间地狱）：痛苦不断袭来的最可怕的世界。

＊八万劫：无比漫长的时间。

＊弥勒菩萨：菩萨是指为开悟佛觉而在修行之人。弥勒菩萨是为人们所熟知的一位菩萨，离佛觉仅有一步之遥。

真知。弥勒大士，穷等觉金刚心故，龙华三会之晓，当极无上觉位；念佛众生，穷横超金刚心故，临终一念之夕，超证大般涅槃。

《教行信证》

像这样，亲鸾圣人自始至终都在教导弥陀的本愿念佛是"往生极乐之道"。

圣人在关东弘法的二十年间，也是除了弥陀本愿念佛之外，没有讲过其他事情。然而，在圣人回到京都之后，关东发生了多起使法友们的信仰产生混乱的事件。其中之一，就是有个叫做日莲的人大肆诽谤念佛，在关东一带到处狂热地叫嚣"念佛者会堕入无间地狱"。

受到日莲的影响，关东法友们的信心发生了动摇。他们希望能直接听到亲鸾圣人亲口的回答，于是不顾生命危险来到了京都。

面对远途跋涉而来的法友，亲鸾圣人洞察到他们的内心，为之感到十分悲哀。

"你们听法这么多年，到底都听了些什么呀?! 事到如今，竟然还来问我念佛是不是堕入地狱的业。这实在是太令我痛心了……"无处宣泄的愤懑之情，化作了"吾全然不知"这句话脱口而出。可想而知，此时圣人的心中有多么伤心失望。

明明听圣人的教义已听了那么久,如今却还来询问"念佛是极乐之因，还是地狱之业"，对于这样的人，圣人的这一回答无疑是最恰当不过的。

其实，在日常生活中也有类似的情形。如果被问到一个显而易见、不言自明的问题，人们有时也会放弃繁琐的解释，不耐烦地回答对方说"我不知道!"

我们自己也有过这样的体验吧。明明是已经说过无数遍的事情，对方却还来问个不停。这时候，我们不是也会甩给他一句"别问我，我不知道"吗?

有人看到圣人所说的"吾全然不知"，就冒然地说:"念佛是往生净土的因，还是堕入地狱的业，连亲鸾圣人都说自己不知道,我们就更不可能知道啦。本来也没必要知道。"但他们所说的"不知道"，和亲鸾圣人所说的"不知道"，意思是截然相反的。

《叹异抄》中还有一句著名的话语，那就是"唯有念佛才是真"。

念佛到底是极乐之因，还是地狱之业，对于亲鸾圣人来说已无需再做任何查证。"全然不知"，正是圣人对自己鲜明不动的信念做出的最简洁明了的表白。

而听到圣人如此自信的表白，感受到圣人坚若磐石的信念，关东的法友们想必顿时就疑虑尽消。他们一脸欢喜、精神抖擞地返回关东的身影，仿佛浮现在我们的眼前。

8

弥陀本愿为真实
——亲鸾圣人的断言

〔原文〕　　　弥陀本愿为真实，则释尊说教无虚言。

释尊说教为真实，则善导之释无虚言。

若善导之释为真实，法然之言岂虚哉。

若法然之言为真实，焉可谓亲鸾之语虚妄哉。　　　　　　　　　《叹异抄》第二章

〔释义〕　　　正因为弥陀的本愿是真实的，只讲说了弥陀本愿这一件事的释尊之教义，就不可能是虚假的。

如果释尊的教义是真实的，那么将其原封不动传承下来的善导大师的释文，就不可能有谎言。

如果善导大师的释文是真实的，将其原原本本教给世人的法然上人之言，又怎么可能是虚假不实的呢？

如果法然上人之言是真实的，又怎能说忠实传承其教义的亲鸾我所说的话会有假呢？

对于《叹异抄》第二章中亲鸾圣人所说的"弥陀本愿为真实",令人意外的是,许多人都把它当作是一种假设,理解为"如果本愿是真实的话"。

但其实,对于亲鸾圣人来说,弥陀本愿才是唯一的真实,除此以外,这个世上不存在任何真实。

> 诚哉,摄取不舍真言,超世希有正法。
>
> 《教行信证》
>
> 是真的,是真的!弥陀的本愿是真实的!

亲鸾圣人曾发出如此欢喜的呼喊,也曾这样断言:

> 烦恼具足之凡夫,火宅无常之世界,万事皆为虚假,无有真实。唯有念佛才是真。
>
> 《叹异抄》
>
> 充满烦恼[*]的人,居住在火宅[*]般不安的世界里,所有一切都是虚假的、空幻的,没有丝毫真实。唯有弥陀的本愿念佛才是真实的。

---

*烦恼:佛教用语。指欲望、愤怒、嫉妒等,令人感到烦扰苦恼的心。
*火宅:着了火的房子。

圣人在这里所说的"唯有念佛才是真"，是"唯有弥陀本愿念佛才是真"的简略说法。由此可以清楚知道，"弥陀本愿为真实"，这对于亲鸾圣人来说是毋庸置疑的事情。

在亲鸾圣人的著作中，处处都充满着对"弥陀本愿为真实"的赞叹。因为"弥陀本愿为真实"，一直都是亲鸾圣人的原点。这样的圣人，怎么可能用假设来表述本愿呢？

所以，毫无疑问，"弥陀本愿为真实"并不是一种假设，而是亲鸾圣人斩钉截铁的断言："因为弥陀的本愿是真实的"。

而整段话的意思，则是圣人在明确地告诉我们：因为弥陀的本愿是真实的，所以只讲说了这一件事的释尊、善导、法然的教导就是真实的。也因此，忠实传承其教义的亲鸾我，就不可能有虚假谎言。

但听到这里，或许有人就会产生疑问。

什么疑问呢？对于关东的法友们来说，他们最相信的是亲鸾圣人，而最不清楚的是阿弥陀佛的本愿。

是由于亲鸾圣人说，只教导了弥陀本愿这一件事的法然、善导、释尊的教义是真实的，所以他们才会相信"弥陀的本愿"。

现在他们对弥陀的本愿产生了怀疑，正是为了消除这个怀疑，才特意来向圣人确认本愿的真伪。而面对这样的人们，亲鸾圣人却没有举出任何证明，也未做任何解释，直接就把对他们来说最模糊不清的"弥陀本愿为真实"作为大前提来回答他们。

所以有人就会觉得，这样的回答不是把话说颠倒了吗？人们会这样想也并不奇怪。

然而，对于得到了本愿救摄，已经与弥陀本愿相应的[*]亲鸾圣人来说，最确定无疑、清楚无比的"真实"，就只有"阿弥陀佛的本愿"。

正如倒映在大海中的月亮，无论波涛多么汹涌澎湃，月亮都不会被波浪卷走，也不会破碎或者消失。

对于已经与弥陀本愿直接连结在一起的亲鸾圣人来说，即使释尊、善导、法然有虚假谎言，"本愿是真实"的信心也不会有丝毫动摇。

而面对豁出生命前来询问本愿真伪的关东法友们，圣人之所以会不假思索、开门见山地回答"因弥陀本愿为真实"，也正是出于这鲜明无比的他力至极之信心。

---

* 与弥陀本愿相应：获得了阿弥陀佛在本愿中所许诺的拯救。

为什么说
恶人比善人先得救？

〔原文〕　　　　善人尚且得遂往生，何况恶人哉。

　　　　　　　　　　　　　　　　《叹异抄》第三章

〔释义〕　　　　连善人都能够往生净土，何况恶人，更能
　　　　　　　　往生。

　　这是《叹异抄》中最为人们所熟知，也是日本思想史上最有名的一句话。其内容令人震惊，同时也使人们对亲鸾圣人的教义产生了极大的误解。

　　"连善人都能往生净土，何况恶人，更能往生"。听到这句话，大概无论是谁都会理解为"作恶越多就越容易往生净土"吧。

　　事实上，净土真宗里也确实出现了一些被称为"造恶无碍"的人，他们以为"造恶越多就越能得救"，从而偏好作恶。净土真宗也因此受到非难，被指责为"制造恶人

的教义"。

对《叹异抄》的这种误解根深蒂固，直到今天也依然存在。

要纠正这一误解，唯有将亲鸾圣人所说的"善人"与"恶人"的含义彻底阐明，除此以外别无他法。也只有明确了这一点，才能对第三章乃至《叹异抄》全文有正确的理解。否则的话，无论熟读多少遍，都不会明白其真意。

关于谁是"善人"，谁是"恶人"，我们人总是依据社会上的常识，或者法律、伦理道德来加以判断。然而，亲鸾圣人所说的"恶人"，指的并不仅仅是那些关在监狱里的罪犯，或者世人眼中的恶人。圣人所说的"恶人"具有极为深邃重大的含义，会使我们对人的看法发生巨大的转变。

下面就来看一下圣人的话语。

任何行皆难及之身，地狱必为永恒之家。

《叹异抄》

亲鸾我任何善行都无法做到，总之，除了地狱无处可去。

这是圣人对自身的告白，但说的却并非只是亲鸾圣人一人的事情，而是古今中外所有人毋庸置疑的实相。对这所有人的实相，在《教行信证》和《叹异抄》中，多处都反复地做了强调。

> 一切群生海，无始已来，乃至今日至今时，秽恶污染无清净心，虚假谄伪无真实心。
>
> 《教行信证》
>
> 所有的人，从无始的过去以来直到今天、直到此时，都被邪恶所污染而没有清净之心，只有虚伪、谎言而没有丝毫真实之心。

从过去遥远的祖先到未来无尽的子孙，所有人都充满了邪恶，唯有虚伪谎言，毫无真实之心。并且无论面对他人还是面对自己，都没有为此感到羞耻的心，完全是一副无惭无愧*的厚脸皮。所有人都是这样的永远都没有得救之缘的人。

在《叹异抄》第三章的后半部分，也叮嘱道：

> 烦恼具足之我等，依任何行皆无法出离生死。弥

---

*无惭无愧："惭"是指叩问自己的良心而感到羞耻的心，"愧"是指面对他人感到羞耻的心。无惭无愧就是说，无论面对自己还是面对他人，都没有羞耻之心。

陀怜悯如此众生而发愿之本意，乃为使恶人成佛。

《叹异抄》

我们人充满了烦恼，无论努力去做任何修行，终究都无法脱离痛苦迷惑。正是由于怜悯这样的我们，弥陀才立下本愿。因此，弥陀的真意是要拯救恶人而使恶人成佛。

阿弥陀佛看穿了全人类都是烦恼具足之人，是永远都没有得救之缘的"恶人"，所以才发誓"一定要予以拯救"。这正是弥陀本愿最殊胜的地方。

亲鸾圣人所说的"恶人"，指的正是明察秋毫的阿弥陀佛眼中所看到的全人类，也就是"人的代名词"。

那么，圣人所说的"善人"，指的又是什么样的人呢？那就是"想要通过努力行善得到拯救""想要依靠念佛得到救度"，而为此在刻苦精进的人。因为这样的人以为，只要自己努力就能够做到善事，只要自己肯称念，就能够专心念佛直到临终，所以亲鸾圣人将其称为"自力作善"的善人。

弥陀看透了所有人都是"无论诸善还是念佛，任何善行都无法做到的恶人"，才为其立下本愿，然而"自力作善"的善人却对这弥陀的本愿怀有疑心，所以又被称为"疑心之善人"。

这种执着于自力的人，无法抛弃自己所有的思考与判断，全心托付给弥陀，所以不是弥陀本愿拯救的对象。

对此，圣人教诫道："自力作善之人，因无专依他力之心，非弥陀本愿也。"（《叹异抄》第三章）

然而，对这种因邪见骄慢而意识不到自己罪恶的"自力作善"之人，弥陀也发誓必定会摧毁其骄慢之心，使其将后生一大事完全托付给弥陀，得以往生净土。

因为连"自力作善"的善人，也会在弥陀的诱导牵引之下，最终得到拯救，所以亲鸾圣人说"善人尚且得遂往生，何况恶人哉"。

以上就是亲鸾圣人所说的"恶人"与"善人"的真意。由此可知，"作恶越多就越能得救""恶是往生之正因*"，这种思想在亲鸾圣人的教义里是绝对不可能存在的。

归根结底，无论是善人还是恶人，最重要的是"抛弃自力之心转而依赖他力"——亲鸾圣人所强调的，唯有他力之信心*这一件事情。

＊正因：唯一的要因。
＊他力之信心：阿弥陀佛赐予的信心。

> 若弃自力之心转而依赖他力，则真实报土之往生可遂也。
>
> 《叹异抄》第三章
>
> 抛弃怀疑本愿的自力之心，获得他力之信心，就能够往生真实的净土。

> 故依他力之恶人，最是往生之正因。
>
> 《叹异抄》第三章
>
> 获得了他力之信心的恶人，才是得到了往生之正因的人。

同样的表述，从圣人亲自执笔写下的著作中也举出一处。

> 依本愿他力而离自力，是曰"唯信"。
>
> 《唯信钞文意》*
>
> 获得他力信心，自力之心完全消失了，这被称为"唯信"，也就是"唯凭信心而得救"的意思。

在这句话中亲鸾圣人所说的"依本愿他力"，《叹异抄》

---

*《唯信钞文意》：亲鸾圣人为法友圣觉法印的著作《唯信钞》所作的解说。

中所说的"依赖他力"，还有《御文章》中莲如上人所写的"依赖弥陀"，这些说的都是他力之信心。只要获得这他力之信心，就能够得到拯救。

其实，在《叹异抄》第一章中也早已明确告诉我们：弥陀的拯救不分善人恶人，"唯以信心为要"。

由此也可以清楚知道，虽然有善人恶人的说法之分，但弥陀的拯救，完全聚焦在他力之信心这一点上。

在《叹异抄》中，这是特别需要加以指出，并唤起人们注意的关键之处。

为实践净土慈悲需要赶快死吗？
——尽速成佛的真意

〔原文〕　　　净土慈悲者，念佛而尽速成佛，以大慈大悲之心，如愿利益众生也。

《叹异抄》第四章

〔释义〕　　　净土佛教所教导的慈悲，是指尽快被弥陀的本愿所救，成为念佛之身，之后在净土开悟佛觉，以大慈大悲之心尽情地拯救众生。

"净土慈悲者，念佛而尽速成佛，以大慈大悲之心，如愿利益众生也。"有人指责说，这句话是在催人赶快死。之所以会发出这样的责难，大概是因为他们对亲鸾圣人的教义有所了解，熟知开悟佛觉是在生命终结，往生净土之后的事情吧。

如果"尽速成佛"的意思是"尽快开悟佛觉"的话，那么不赶快结束生命，就无法实现"净土的慈悲"。因此可以说，他们的非难也不无道理。

然而，把"尽速成佛"理解为"赶快死"，这明显是错误的。

为什么这么说呢？那是因为，并不是任何人死后都能够成佛的。只有现在值遇弥陀的救度，成为了"可成佛之身"的人，死后才能够往生净土，在净土开悟佛觉。这，正是亲鸾圣人倾注毕生心血所教导的事情。

由此可知，"尽速成佛"的真意应该是"尽快成为可成佛之身"，即"尽快得到弥陀的救度"。只有这样的人，才能够在死后往生净土开悟佛觉，以大慈大悲之心尽情地拯救众生。

然而，在这里又会出现另外一种误解。那就是，既然死后才能实现净土的慈悲，那么活着的时候就无需利益众生了。

但其实，得到弥陀救度，成为"可成佛之身"的人，在今生就会产生"恩德赞"之心。

> 如来大悲之恩德，
> 即使粉身亦应报，

＊值遇：这里的意思是从过去到未来仅有一次的相遇。专指遇到弥陀的拯救。

> 师主知识之恩德，
> 即使碎骨亦应谢。
>
> 《恩德赞》*

阿弥陀如来的大恩，以及把他的本愿传达给我的恩师们的洪恩，即使粉身碎骨也报答不尽。如此大恩，难以回报其万分之一，唯有为我这懈怠*之身而哭泣不已。

得到弥陀的救度，就会油然生起炽热的报恩之心，不由自主地想仿效"净土慈悲"，救度众生。那是因为，最能够报答弥陀拯救之恩的，正是传播弥陀的本愿，使大家都能得到永恒的救度。

事实上，亲鸾圣人于29岁成为了"可成佛之身"（信心获得）后，为弥陀的大恩感激涕零，他以"唯念佛恩深*，不耻人伦嘲"（《教行信证》）的报恩之心，不惜身命弘扬佛法，直至生命终结往生之时。在其令人惊叹的报谢佛恩的一生中，完全看不到"等死了以后再来救度众生"这种消极颓废的信仰。

下面就让我们来回顾一下，亲鸾圣人从29岁得到弥陀

---

* 《恩德赞》：亲鸾圣人得到弥陀拯救后所写下的，赞叹弥陀与善知识之恩的一首诗。
* 懈怠：懒散怠惰，不努力向善。
* 佛恩：阿弥陀佛之恩。

拯救开始，直到90岁去世为止，这61年的生涯。

31岁时，为了传播无论什么样的人都会予以拯救的弥陀愿心，身为僧侣的亲鸾圣人公然吃荤娶妻。这破天荒的举动给他招来了"疯子""恶魔""堕落和尚"的无情谩骂，使他遭受到来自四面八方的猛烈攻击，也成为了后来被判处流放的重要原因。

亲鸾圣人平时性情温和，然而一旦遇到歪曲佛法的事情，就会不惜生命坚决反对。其程度之激烈，甚至多次引发他和法友*们的争论。在这些争论中，特别引人注目的三次激烈争论被称为"三大争论"，流传至今。其中之一，被记录在《叹异抄》后序之中。

35岁时，亲鸾圣人被判处流放越后。这件事虽然广为人知，但其真实原因却很少有人知晓。其实，圣人遭受流放的主要原因，是由于他强调"一向专念无量寿佛"这释迦牟尼佛的出世本怀，教导人们"要抛弃一切诸佛*、菩萨*、诸神，只相信阿弥陀如来一佛"。特别是强调不要礼拜诸神这一点触犯了当权者的逆鳞，圣人因此被判处死刑，后来才在千钧一发之际改为流放。

然而，任凭八风来袭，山自岿然不动。面对当权者的

* 法友：共同闻求佛法的朋友。
* 诸佛：存在于大宇宙中的无数的佛。
* 菩萨：为开悟佛觉而在修行之人。

残暴行径，亲鸾圣人这样挥起批判的快刀劈斩迷妄的乱麻：

> 主上、臣下，背法违义，成忿结怨。
>
> 《教行信证》

上自天皇下至臣子，都诽谤佛法，践踏正义，任怒而为，犯下大罪。天理难容！

而对自己将远赴流放之地，却又微笑着说道：

> 若吾未赴配所，将以何教化边鄙之群类哉。此亦为师教之恩所致也。
>
> 《御传钞》*

如果我没有遭受流放之刑，就没有机缘将佛法告诉越后的人们。这一切都要感谢恩师法然上人。

言语之中，甚至没有一丝悲怆之感。

在流放地经受了五年的风霜雨雪之后，圣人来到关东弘扬佛法。在关东，山僧弁圆视圣人为不共戴天之敌，光天化日之下持剑要来杀害圣人。

---

*《御传钞》：亲鸾圣人的传记，由亲鸾圣人的曾孙觉如上人所著。

圣人从容不迫出来与之相见。

《御传钞》

"如果我置身于弁圆的处境，我也同样会持剑去杀害对方。杀与被杀，都是传播佛法的因缘"，面对杀气腾腾的弁圆，亲鸾圣人坦然相见，并称其为"御同朋*"。

这种悲悯对方的伟大信念，终于使充满仇恨的弁圆也获得新生。弁圆后来成为了圣人的弟子明法房，忠实地追随了圣人一生。

还有人们所熟知的，圣人以石为枕、以雪为褥，济度厌恶佛法的日野左卫门的故事，也是在关东弘法时发生的事情。

这些，不正是圣人对净土慈悲的实践吗？

而对于亲鸾圣人来说，为拯救众生所经受的最痛苦的考验，就是与长子善鸾断绝父子关系之事。

建长八年(1256年)5月29日，84岁的老圣人，不得不给年已五十的长子善鸾寄出宣告断绝父子关系的书信。

那是因为，善鸾不仅向外宣说："父亲曾在深夜传授秘密法文*给我"，而且还侍奉诸神，向神祈祷，占卜吉凶。

---

* 御同朋：朋友、伙伴。
* 法文：教义。

得知自己的儿子竟然是如此践踏佛法的佛敌，亲鸾圣人无法视而不见。他多次写信劝诫善鸾，善鸾却充耳不闻，不思悔改。最终，圣人不得不做出这样的断肠之举。

> 如此可悲，夫复何言！吾今已不为汝父。亦断不以汝为子。悲哉。
>
> 《义绝状》
>
> 可悲啊！我已无话可说。从今往后，我不再是你的父亲，也不再认你为我的儿子。真是太悲哀了……

亲鸾圣人本来就承受着世人的怀疑诽谤与猛烈攻击，如今再斩断父子之情，势必招致世人的嘲笑谩骂："破坏家庭，还何谈佛法。""连亲生儿子都无法教导，竟然还想要拯救他人，真是可笑至极。"

然而，如果亲鸾圣人受到父子亲情的羁绊，而因此默认善鸾的言行，任其歪曲本愿、践踏佛法的话，结果会怎么样呢？

今天，几亿兆人就将无法听到真实的佛法，不能得到弥陀的拯救。

为报答不尽的佛恩而感激涕零的亲鸾圣人，在临终之时，又留下了这样的遗言。

　　我虽寿命将尽，要还归安养净土，却如同和歌湾片男浪海岸的波涛，涌来复去、涌来复去。一人在欢喜，应知是两人，两人在欢喜，应知是三人。那一人，就是我亲鸾。

　　　　　　　　　　　　　　　　《御临末之书》

　　亲鸾我今生的寿命即将结束。虽然我会回归弥陀的净土，但是就像那刚刚退去却又马上奔涌而归的海浪一样，我立刻就会再返回来。所以，当你一个人的时候，要知道有两个人在，两个人的时候，要知道有三个人在。无论是欢喜之时，还是悲伤之时，你都绝不是一个人。你的身边，一直有我亲鸾在。

　　犹如永不止息的海浪，亲鸾圣人为拯救众生奔波了一生。但尽管如此，圣人却依然感慨地说道："亲鸾我连小慈小悲之心都没有，要说拯救他人，实在是大言不惭。真正的拯救众生的活动，在我开悟佛觉之后才会开始。"

　　我们一定要知道，圣人在对净土慈悲的解释中所说的"尽速成佛"，是在教导我们"尽快成为可成佛之身"。这一点，一定要铭记在心。

葬礼与法事并不能超度死者，这是真的吗？

〔原文〕 亲鸾迄今为止，未曾因孝养父母而念佛一遍。

《叹异抄》第五章

〔释义〕 亲鸾迄今为止，从来没有为了给逝去的父母做追善供养而念过一遍佛。

为死者办葬礼、做法事就能给死者带来幸福，这种观念似乎已经成为世间的常识。

在印度，释迦牟尼佛在世时，也曾有弟子询问释尊说："听说在死者旁边为他念诵经文，就会使他转生到幸福的世界，请问这是真的吗？"

释尊没有直接回答，而是拾起一颗小石子，扔进了附近的池塘里。指着那颗沉入水中的石子，释尊反问弟子："如果绕着水池，边走边念'石头啊浮上来，石头啊浮上来'，你觉得那颗石子会浮上水面吗？"

石头是因为自身的重量而沉入了水底，不可能由于人说的几句话就浮上水面。

释迦牟尼佛是在教导我们：人，也是因为自身的行为（业力）而决定了死后的业报，所以无论别人念诵什么样的经文，都不可能改变死者的果报。

其实在佛教里，本来是没有依靠念经超度死者这种说法的。释迦牟尼佛八十年的一生，都是在为活着的人讲说耕耘苦恼心田的教法，从来没有为死者举行过什么葬礼或法事。

更进一步说，避开这些世俗化、形式化的仪式，真正教导人们转迷开悟*的教义才是佛教。

然而，在今天，没有人知道真实的佛教。那些自称是佛教徒的人，也都理所当然地以为葬礼、法事、诵经等仪式会给死者带来幸福。这种迷信根深蒂固，难以撼动。

在这种情况下，亲鸾圣人的宣言："亲鸾迄今为止，未曾因孝养父母而念佛一遍"，对于世人来说无异于晴天霹雳。

圣人在这里所说的"孝养"，指的是"追善供养"，也就是那些人们以为能够给死者带来幸福的行为。

---

*转迷开悟：从迷惑中醒来，开智悟理。

亲鸾圣人4岁丧父，8岁丧母，可想而知，他会多么想念自己的父母双亲。已故的父母，应该是圣人心中最难忘的幻影。然而，这样的圣人却说，"我从来没有为了给父母做追善供养而念过一遍佛"。

当然，圣人所说的念佛，不只是在口中称念名号，也包括为了救度死者而做的诵经、法事等所有的佛教仪式。换句话说，亲鸾圣人是在明言，"亲鸾我，从来没有为了救度已故的双亲而念佛、诵经，或者做过其他一切法事"。这样的断言，实在令人震惊。

对于那些宣称"念经是对死者最好的供养"，煞有介事地劝说人们要供养祖先的僧侣，以及认为这是理所当然而全盘接受的世人来说，亲鸾圣人的断言是非常难以理解的，甚至还会有人觉得圣人太过冷酷，指责圣人"怎么如此无情？"

但是其实，比任何人都更为眷念父母的亲鸾圣人，正是通过这令人震惊的告白，打破了大众深深的迷妄，明示了什么才是真正的追善供养。

然而，圣人所说的从来都没有做过的葬礼和法事，却被一些僧侣当成了自己的本职工作。对此，正确传承了亲鸾圣人教义的觉如上人（亲鸾圣人的曾孙）深感悲叹，他这样教诫：

"某（亲鸾）倘闭眼，当弃之贺茂河与鱼也。"云云。此即为彰显应轻此肉身，以佛法之信心为本之故也。由此思之，切不应以丧葬为一大事，而最当停止。

《改邪钞》*

亲鸾圣人常说："我死后，就把我扔进贺茂河里喂鱼吧。"圣人为什么这样说呢？这是为了教导我们，与处理如蝉蜕般的肉体的后事相比，信心决定（解决永恒生命的问题），才是最应赶快完成的事情。因此，对葬礼等事并不需要予以重视，而应当停止。

觉如上人还曾因儿子存觉破坏了亲鸾圣人的这一教义，而毅然与其断绝了父子关系。

存觉在《报恩记》等文章中说"父母死后，当重视以追善供养为根本的佛事，以此报答父母之恩"，他甚至断言说"追善之行，以念佛为第一"。

这明显破坏了亲鸾圣人彻底禁止追善供养祖先的教导，被逐出宗门也是理所当然。

从这个意义上来说，如今的佛教界更是病入膏肓。如果现在还不仔细领会亲鸾圣人的金言，回归正道，佛教界就只会徒留残骸。

*《改邪钞》：亲鸾圣人的曾孙觉如上人所著。书中破除邪说，阐明了真实的教义。

那么，葬礼和法事、扫墓等活动就没有任何意义吗？其实也并非如此。对于已经闻知真实佛法的人来说，这些是报谢佛恩、爱乐法味[*]的好机会，而对于不了解佛法的人来说，则会成为可贵的佛缘。

每年每年，都有许多人死于交通事故。即使看到新闻报道说去年交通事故的死者有几千人，我们也只是漠然地望着数字，不会感到一丝惊讶，对于"死亡"完全是麻木无知的状态。

从早到晚，人们都在欲望的驱使下奔波忙碌，没有时间静下心来凝视自己。在这样的日复一日之中，如果某一天参加他人的葬礼，或是静跪坟前，就会成为我们凝视人生的难得的机缘。

"终有一天，我也会死去。这样的一生，难道不是醉生梦死吗？"当我们人不得不直面死亡这个冷酷严峻的现实时，就会对生死一大事进行严肃认真的思考。

衷心希望大家不要把葬礼或法事只是当做一种陈规旧俗，而要使其成为感悟自己的后生一大事[*]，追求解脱[*]的机缘。

---

[*] 爱乐法味：为得到弥陀的拯救而欢喜。
[*] 后生一大事：死后是沉入永久的苦患，还是获得永恒的乐果，这对人来说最重大的事情。
[*] 解脱：解决后生一大事。信心决定。

四海之内皆兄弟
——亲鸾圣人的呼唤

〔原文〕　　　亲鸾我，弟子无一人。

《叹异抄》第六章

〔释义〕　　　亲鸾我，一个弟子也没有。

　　亲鸾圣人曾教授过许多弟子，这是历史上不争的事实。依据《亲鸾圣人门侣交名牒》[*]以及其他史料的记载可以确定，接受过圣人亲身教导的弟子曾有六七十人。

　　那么，为什么亲鸾圣人却说"亲鸾我，弟子无一人"呢？

　　这完全是出于圣人对自身深刻的认知。

　　就是说，虽然在名义上彼此以师徒相称，但亲鸾圣人绝没有把他们当作是自己的弟子。更确切地说，是因为圣人根本无法把他们当成弟子来看待。

---

[*]《亲鸾圣人门侣交名牒》：列举了亲鸾圣人弟子名字的文献资料。

表面上，他们确实是由于圣人的引导才震惊于生死一大事，从而认真闻法，最终得到了救度。但是，亲鸾圣人比任何人都清楚明白，实情并非如此。

让我们从圣人的话语中一窥端倪。

> 全不知何是何非，
> 亦不明孰正孰邪，
> 此身无小慈小悲，
> 图名利好为人师。
>
> 《惭愧和赞》[*]
>
> 亲鸾我是个分不清是非与正邪的人，根本没有资格去教导他人。然而，我却充满了想要被别人尊为老师的名利欲望，我真是个卑鄙无耻的人，实在是可悲可叹。

这是在弥陀强烈的光明照射下，圣人对自己除却名利就无动于衷的实相发出的深深忏悔。

> 本无小慈小悲身，
> 何谈有情利益心。

---

[*]《惭愧和赞》：亲鸾圣人以诗的形式写下的忏悔。

若无如来之愿船，
焉能渡过此苦海。

《愚秃悲叹述怀和赞》[*]

亲鸾我既没有丝毫慈悲之心，也没有半点同情之心，要说去引导拯救他人，这实在是无稽之谈。所有人之所以能够得到拯救，完全是由于弥陀的大慈悲心。

这充满了无限悲叹的述怀，是圣人同时得知了自己表里不一的恶性[*]，与弥陀一视同仁、不舍不弃的本愿，而由此发出的感慨。

生死苦海无边际，
旷劫沉没之我等，
唯有弥陀弘誓船，
载上必定来相渡。

《高僧和赞》[*]

长久以来，我们一直沉没在无边无际的苦海之中。唯有阿弥陀如来的大悲愿船[*]，才必定会把我们渡到无

---

[*]《愚秃悲叹述怀和赞》：亲鸾圣人的诗集，抒发了亲鸾圣人的悲伤感叹之情。

[*] 表里不一的恶性：表里不一指心里想的和嘴里说的、身体做的不一致。恶性是指这样恶劣的品性。

[*]《高僧和赞》：亲鸾圣人所写的赞叹七位高僧的诗集。

[*] 大悲愿船：比喻阿弥陀佛的本愿。

▨　量光明土[*]的彼岸。

　　通过以上这些告白可以知道，亲鸾圣人说"弟子无一人"的心意在于：如果是因为我亲鸾的教诲引导，使他们听闻佛法并得到拯救，那么或许可以称他们为我的弟子。然而，他们得以听闻佛法，完全是由于弥陀广大的慈悲之心，称他们为我的弟子，这实在是荒唐至极。

　　会做出这样的表白，想必是因为圣人饮水思源，清楚地得知了我们之所以会震惊于生死一大事，燃起闻法之心，并最终获得真实的幸福，所有这一切都是由于阿弥陀佛的伟大力量。

　　对圣人来说，我们都是由于深厚的因缘而受生人界[*]，共同在弥陀光明的照耀培育下，前进在无上道[*]上。所以，四海之内皆为兄弟，完全没有上下高低之分。正因如此，圣人向所有人伸出双手，亲切地称大家为"御同朋、御同行[*]"。

　　在那个阶级制度森严的时代里，亲鸾圣人向全人类发

---

*无量光明土：阿弥陀佛的极乐净土。
*受生人界：作为人出生而来。
*无上道：最为殊胜的教义。
*御同朋、御同行：兄弟、朋友。

出呼唤:"朋友们、同胞们,让我们踏上无上道,共同前进!"

正是这种炽热的同朋之爱,化作了亲鸾圣人"弟子无一人"的宣言。

被弥陀所救的话，会怎样呢？
——无碍之一道

> 〔原文〕　　　　念佛者，无碍之一道也。
>
> 　　　　　　　　　　　　　　　　《叹异抄》第七章
>
> 〔释义〕　　　　被弥陀所救而念佛之人，是所有一切都
> 　　　　　　　　不能阻碍的绝对的幸福者。

　　《叹异抄》第七章开篇的这句话语广为人知，也被赋予了许多诠释。特别是关于"无碍之一道"，有人解释为"没有任何障碍的绝对之路"，也有人解释为"所有一切都无法阻碍的唯一通道"。然而这些说法，应该很少有人能够理解吧。

　　又因为这句话后面紧接着还说道"罪恶之业报亦不感"，所以甚至有人以为"念佛者会从罪恶感中解放出来""只要念佛，就可以免遭恶报"，但这些都是对"无碍之一道"的误解。

　　要想正确地理解"无碍之一道"，首先需要确认一件事情，那就是——佛教的终极目的是"往生净土"。所以，"无碍"的"碍"字，其实指的是"往生净土的障碍"。

　　因为被弥陀所救摄之人会获得"必往净土的金刚心[*]"，清楚得知自己无论何时死去都必能往生净土；而且无论由于何种原因造下何等罪恶，都绝不会对这金刚心产生丝毫的影响，所以，亲鸾圣人才明确断言"罪恶之业报亦不感"。

　　就是说，对于已得到弥陀拯救，成为了必往净土之身的人来说，任何罪恶都不会成为其往生净土的障碍。

　　也正因如此，亲鸾圣人才宣告说"念佛者，无碍之一道也"。

　　那么，为什么即使犯下罪恶也不会成为往生的障碍呢？

　　　　恶亦不需惧，因无有障碍弥陀本愿之恶也。

　　　　　　　　　　　　　　　　　《叹异抄》第一章

　　一旦值遇弥陀的救度，无论犯下怎样的罪恶，都不会因惧怕自己的罪恶之深，而对往生净土产生丝毫的怀疑、不安与忧虑。因为没有任何恶，能够扰乱被

---

[*] 金刚心：无论什么样的人、进行怎样的攻击，都不会为之有丝毫动摇的信心。

▓　弥陀所救之人往生一定的金刚心。

弥陀赐予的信乐（金刚之信心）是任何事物都无法摧毁、无法阻挠的不可称、不可说、不可思议的世界，因此，亲鸾圣人高声赞叹其为"无碍之一道"。

同时，由于"无碍之一道"是十方法界[*]中至高无上的果报，其美好、殊胜无以伦比，任何人无论再怎样努力地修任何善行，所得到的结果都远不能及，所以《叹异抄》中又将其表述为"诸善亦不及"（第七章），"无有胜于念佛之善"（第一章）。

那么，第七章开篇所说的"念佛者"又是指什么样的人呢？

听到"念佛者"，大家也许会以为指的是所有口中称念"南无阿弥陀佛"的人。然而，这种理解是错误的。

因为即使同样是在口中称念"南无阿弥陀佛"，称念之心其实也是不尽相同的。就像是泪水，虽然从化学成分上看完全一样，但在心情上却可以分为"喜悦的泪水""悲伤的泪水""懊悔的泪水"等等。

在念佛的人，有的是在半夜路过坟地时，出于驱鬼辟

*十方法界：大宇宙。

邪之心而称念；有的是因失去了亲人，出于悲伤之心而称念；也有人是因为剧本中有念佛的台词，出于演艺工作的需要而称念。

同样是在口中称名念佛，有的念佛者认为"念佛不过略胜于诸善"（万行随一之念佛），有的念佛者则认为"念佛是诸善远不能及的大善根"而一心称念（万行超过之念佛）。

最为重视称念之心的亲鸾圣人把以上两种人统称为自力之念佛者，在著作中做过详细阐述。

而相对于自力之念佛者，亲鸾圣人告诉我们还有一种念佛者，是出于被弥陀所救的喜悦而情不自禁地称名念佛之人（自然法尔之念佛）。亲鸾圣人把这种念佛者与自力之念佛者明确区分开来，称其为他力[*]之念佛者。

圣人所说的念佛者，指的都是他力之念佛者，也就是被弥陀所救，获得了他力之信心的人。这一点，通过圣人在后文中又将"念佛者"称为"信心之行者"，也可以清楚明白。

一旦获得他力之信心，所有的一切都不会成为往生净土的障碍。正因如此，亲鸾圣人才高声宣告说："念佛者，无碍之一道也。"

---

*他力：阿弥陀佛的力量。

念佛是在念咒语吗？

〔原文〕　　　念佛之于行者，非行、非善也。

《叹异抄》第八章

〔释义〕　　　对于被弥陀所救之人来说，在口中称名念佛，既不是自己的"行"，也不是自己的"善"。所以说其非行、非善。

《叹异抄》第一章中曾说："无有胜于念佛之善"，第二章中甚至断言："除了念佛再无其他往生极乐之道"。听到这些，读者们自然会想，既然最为殊胜的"善"是念佛，那么，尽量多念佛（行）一定就是好事。

然而，在第八章中却出人意料地说道：念佛"之于行者"既不是善，也不是应该努力去做的行。

那么，圣人这句话的真意何在呢？这只有正确地理解了"之于行者"的含义，才能够清楚明白。

所谓"行者"，指的是"被弥陀救摄之人"。被弥陀所救之人的念佛叫做"他力之念佛"。"他力之念佛"完全是出于弥陀热切的愿望,由于弥陀的力量而情不自禁地称念。

与之相反,还没有被弥陀所救(不是"行者")之人的念佛,则被称为"自力之念佛"。他们把念佛看作是为了得救而做的"行"与"善",以为"因为我在念佛,所以死后不会去不好的地方",或者"我这么努力在念佛,阿弥陀佛一定会拯救我"。

当这些自力的揣度之心都被粉碎殆尽时,由于弥陀强劲的誓言喷涌而出的念佛,就是"他力之念佛"。因此,"他力之念佛"并不是依靠自己的思考或判断而做的行与善,所以说其"非行"、"非善"。

这样的念佛,因为是弥陀所赐予的"善"与"行",所以又被称为"大行"。圣人用以下这句话语详细地阐述了其理由。

> 大行者,则称无碍光如来名。斯行即是摄诸善法,具诸德本。极速圆满,真如一实功德宝海,故名大行。
> 《教行信证》
> 所谓"大行",就是在口中称念"南无阿弥陀佛"。

> 南无阿弥陀佛之中，包含着所有善行与功德[*]之本。并且，于信之一念[*]就会与我成为一体[*]，大善大功德也因此溢满我身。这是唯一绝对的善根功德之大宝海。因此，称其为"大行"。

在这里，让我们回顾一下本章之前的内容。

首先，《叹异抄》第一章中，以"唯以信心为要"明示了"只有依靠信心"才能得到弥陀的拯救。接下来，又在第六章中指出，这个信心是"如来所赐之信心"，也就是"他力之信心"。并且，在同一章中还说道"全蒙弥陀照育而念佛"，告诉我们获得信心之后的念佛，完全是出自于弥陀强大的心念。

由此可知，信心与念佛全都是弥陀所赐予的大信心、大行。

南无阿弥陀佛之大功德自双耳揽入[*]，贯彻全身，又从口中喷涌而出，归入南无阿弥陀佛之大宝海。

不以欢喜之念为依赖，不忧寂寞之心成障碍。"信不

---

* 功德：幸福。也指给人幸福的功能。
* 信之一念：怀疑弥陀本愿之心消失的瞬间。
* 一体：像炭着了火一样，合二为一、无法分开的状态。
* 揽入：进入我身，成为一体。

见信功[*]，行不见行功[*]"，信行皆归入不可思议之愿海。

　　相信之心与称念之心全都是源自于南无阿弥陀佛的力量，完全是弥陀的力量在驱动我，我只是任凭弥陀愿力的推动而已。

　　这正是亲鸾圣人的教义被称为"绝对他力"的原因。

＊信不见信功：不依赖自己的相信之心。
＊行不见行功：不依赖口中称念的念佛。

亲鸾师父说的正是我的心里话呀
——《叹异抄》中的陷阱

〔原文〕　　　　"虽念佛，却无踊跃欢喜之心，亦无欲速往净土之心,此为何故耶？"如是问圣人。答曰:"亲鸾亦有此疑问，唯圆房，竟与我同心。"

《叹异抄》第九章

〔释义〕　　　　"我虽然在念佛，但是却没有生起欢天喜地般的欢喜之心，也没有想要赶快往生净土之心。请问这是为什么呢？"

面对唯圆房提出的这个坦率的问题，亲鸾圣人回答说:"亲鸾我也怀有同样的疑问，唯圆房，原来你也是这样想的呀。"

净土真宗里蔓延着一种误解，那就是——弥陀的拯救是不知不觉的，所以虽然我们死后都会被弥陀带到净土,但是也不会为弥陀的拯救感到高兴。

《叹异抄》第九章中记载的亲鸾圣人与唯圆房的这一段对话，就由于非常容易令人产生"我们没有喜悦之心是理所当然"的同感，而因此受到了很多的误解。读了这段话，有人公然说道："连亲鸾圣人都说他没有喜悦之心，所以我不为弥陀的拯救感到高兴，这是理所当然的事情。"甚至还有人说："为得救而高兴是不对的。"

这段极易引起人们共鸣的话语，因为刚好可以用来当作理由，把自己既没有忏悔也没有欢喜的信仰正当化，所以是《叹异抄》中非常容易受到误解的地方之一。

"唯圆我虽然念佛，但是却没有生起欢天喜地般的欢喜之心，也没有想要赶快往生净土之心。请问这是为什么呢？"

面对这直率的表白，亲鸾圣人的回答也是坦诚之至："亲鸾我也怀有同样的疑问，唯圆房，原来你也是一样的啊。"

亲鸾圣人的这一告白，是被弥陀救摄之人的忏悔。这与那些既没有忏悔也没有欢喜，甚至以没有喜悦之心为骄傲的假信心之人所发的牢骚是有着天壤之别的。

让我们来看一下圣人的忏悔是怎样的忏悔吧。

"弥陀斩断了我永劫迷惑的羁绊，把我拯救到广大无边的世界，可是我却不为之欢喜。我真是一个完全没有得救之缘的薄情寡义之人。可是呢，唯圆房，我这样的人竟然是弥陀所钟爱的独子，这真是令人无比感激啊。"

肉体的难治之症得到救治都会欢喜异常，更何况未来永劫没有丝毫得救之缘的人，成为了全身溢满不可称、不可说、不可思议之功德[*]，与弥勒菩萨[*]比肩，与诸佛等同之身。为此高兴得手舞足蹈，本应是理所当然的事情。

但尽管如此，我却没有欢喜之心。这正是由于我充满了对这个世界的欲望与执着，是这些迷惑的烦恼，使我感受不到喜悦。我这个充满了烦恼的人，比那受恩三年却仅仅三天就忘得一干二净的猫还要忘恩负义。对如此恶性，我唯有深深忏悔。

同样的告白，亲鸾圣人也写在了自己最重要的著作《教行信证》之中。

> 悲哉！愚秃鸾。沉没于爱欲广海，迷惑于名利大山；不喜入定聚之数，不快近真证之证。可耻可伤矣！
>
> 《教行信证》

---

* 功德：幸福。也指给与人幸福的功能。
* 弥勒菩萨：菩萨是指为开悟佛觉而在修行之人。弥勒菩萨是为人们所熟知的一位菩萨，离佛觉仅有一步之遥。

亲鸾我真是一个可耻可叹之人啊。我沉溺在爱欲的广海之中，饱受名利欲望的摆布。虽然已成为可成佛之身（定聚），却丝毫也没有喜悦之心；虽然一天天在向着净土（真证之证）前进，却一点也没有快乐之心。这是多么令人感到惭愧、多么悲伤的事情啊。

有人说亲鸾圣人的这句话太过自虐，但这无疑是圣人的真情流露。

忏悔的背后，存在着欢喜。

"然，佛早知我等，谓之为烦恼具足之凡夫，知晓他力悲愿正是为如此之我等而立，更觉本愿之可依托。"

《叹异抄》第九章

在很久很久以前，弥陀就清楚知道我是如此充满烦恼之人，而为我立下本愿。这怎不令我感激涕零。

这是圣人欢喜的表白之一。

在《叹异抄》的后序中，也响彻着圣人喜悦的欢呼。

细思弥陀五劫思惟愿，原来只为亲鸾我一人！为救这持有无数恶业之身，弥陀立下本愿，亲鸾为此感恩不尽。

《叹异抄》

弥陀在五劫*的漫长时间里，冥思苦想、殚精竭虑地立下了本愿。而如今我清楚地得知，原来这完全是为了拯救亲鸾我一个人。为了拯救有着无数恶业*的亲鸾，弥陀奋起立下了本愿，这真是令我感激不尽，感恩不已。

正因为有这样的欢喜，亲鸾圣人得知自己根深蒂固、无可救药的恶性，才会有"亲鸾亦有此疑问，唯圆房竟与我同心"的忏悔。

这样的忏悔，与那还没有踏入佛教门槛的坐井观天之人，自以为是地说"没有喜悦之心是理所当然"这样的妄言，完全是不同层次的事情。

还没有值遇弥陀救度的人，是既不会有忏悔也不会有欢喜的。这是理所当然的事情。

之后圣人接着说道，自己之所以没有想要赶快去往净土之心，身体略感不适，就担心"是不是快要死了"，其实也是由于烦恼在作怪。

虽然这个世界，是我自从无始的过去以来就生死流转、

---

* 五劫：极其漫长的时间。
* 恶业：罪恶。

痛苦沉溺的地方，却不知为什么，就犹如故乡一般令我感到眷恋。而对那安乐的净土，我却没有思慕之心，并不想要赶快前往。这，就是我们人的实相。

然而，越是看到暴风驶雨[*]般的烦恼，我就越是得知弥陀本愿正是为拯救我一人而立，由此越发知晓本愿之可依托，更加明确得知自己往生净土无疑。

"由此思之，益知大悲大愿之可依托，往生之已决定。"（《叹异抄》第九章后半），表达的正是这样的含义。

越看到自己"不为本应欢喜之事而喜"的麻木不仁的自性[*]，就越发为不可思议的拯救而喜不自禁。对此，亲鸾圣人用以下这个比喻加以解释。

> 罪障成为功德体，
> 恰可喻为冰与水，
> 冰若多则水亦多，
> 障若多则德亦多。
>
> 《高僧和赞》[*]

---

* 暴风驶雨：狂风骤雨。
* 自性：自出生时就有的不变的本性。
* 《高僧和赞》：亲鸾圣人所写的赞叹七位高僧的诗集。

> 若被弥陀所救摄，无可救药的烦恼（罪障）之冰就会化作幸福喜悦的菩提（功德）之水。正如冰越大，所融化成的水就越多一样，极恶最下之亲鸾，才是极善无上的幸福者。

用《叹异抄》第九章中的话来说，就是这样的：

"本应为之欢天喜地之事，却不为之欢喜"的心（烦恼）是"冰"，"由此思之，益知大悲大愿之可依托，往生之已决定"的喜悦（菩提）就相当于"水"。

无尽的烦恼在弥陀光明的照射下，转化成无限的忏悔与欢喜。这种不可思议，在佛法中被简洁地表述为"烦恼即菩提"（烦恼不变却都成为菩提），或"转恶成善"（恶依然存在却化作了善）。

越是清楚地看到自己不为往生一定而高兴的心，就越发为弥陀的拯救而喜不自禁。这就是弥陀所赐予的心灵无法想象，言语无法表达的大信海[*]。对这样的世界，圣人唯有高声赞颂道："唯是不可思议、不可称、不可说信乐也。"（《教行信证》）

---

[*] 大信海：阿弥陀佛赐予的信心的世界。

念佛以无义为义
——他力念佛之真意

〔原文〕　　　念佛以无义为义，不可称、不可说、不可思议故。云云。

《叹异抄》第十章

〔释义〕　　　他力之念佛，不存在凡夫自力的思忖与考量。

这是因为，他力不可思议之念佛*是自力的思虑之心消失殆尽的念佛，这是既无法表达也无法解释，甚至无法想象的，超越了人的智慧的念佛。

亲鸾圣人如是说。

---

*他力不可思议之念佛：由于阿弥陀佛的力量而不由自主地称念南无阿弥陀佛。

在《叹异抄》中，"念佛"二字出现的次数很多，因此很容易被理解为"只要念佛就能够得救"。然而，这种理解是错误的。

因为在凝缩了全书精髓的第一章中，明确地写道："唯以信心为要"——弥陀的拯救只靠信心。

所以，《叹异抄》中的"念佛"，应该理解为获得信心之后的念佛。

之前也曾经多次阐述，亲鸾圣人把获得信心（得到弥陀拯救）之后的念佛称为"他力之念佛"。第十章中所说的"以无义为义"的念佛，当然也是指他力之念佛。

而关于"以无义为义"，在真宗学者之间又有着种种的解释。

比如"无法理解就是正确的理解""以无目的为目的""以无理论为理论""如来之意图，在于使人从其偏执的想法中解脱出来"等等，如此种种，众说纷纭。

其实，"无义"的"义"，指的是对弥陀本愿的怀疑、揣测、想象或理解。

比方说，心想"我这么虔诚地念佛，又心怀感谢地生活，所以不会遭到恶报的。"

"我这么努力地在念佛，死后应该不会去不好的世界吧。"

"我对阿弥陀佛一点都不怀疑，所以就算死了也不用担心。"

"这辈子虽然没法得救,但死后阿弥陀佛会拯救我的。"

"我虽然念佛，但却没什么感觉,不知这样可不可以。"

"虽然我心里会出现这些不好的念头,不过阿弥陀佛早就知道我是这样的人，所以应该没什么问题。"

"真的是只要念佛就可以吗？"等等，不胜枚举。

这些都是怀疑弥陀本愿的心,也就是"无义"的"义"，被称为"自力之心"。只要这"自力之心"还没有消失，就绝对无法值遇弥陀的救度，进入他力的世界。

正因如此，亲鸾圣人才极为严厉而彻底地教导我们："必须要抛弃自力。因为想要抛弃自力的心也是自力，所以这个心也必须要抛弃掉。"

这正是圣人舍自力归他力（舍自归他）的教义。

而"无义"，就是指自力之心彻底消失了（净尽）。因此，"念佛以无义为义"就是说，他力之念佛是我们对弥陀本愿的想象、思虑这些自力之心都消失殆尽的念佛，所以亲鸾圣人说"不可称、不可说、不可思议故"。

阿弥陀佛为了实现"无一例外地拯救所有人，使其获得绝对幸福"的诺言,而制造出来的就是"南无阿弥陀佛"。这被称为六字"名号"。

即使在宇宙中存在着治疗疾病的原理,如果没有医生发现这个原理,并按照原理制造出治病的药,也无法拯救患者。

用比喻来说,阿弥陀佛就是一位掌握了"拔除所有人的苦恼,使其获得永恒幸福"之真理的医生,而"南无阿弥陀佛"正是这位医生所制造出来的妙药。

我们人从遥远的过去以来就充满了污秽,没有丝毫的真实之心,因此无法脱离痛苦。阿弥陀佛怜悯我们,以若不拯救誓不罢休的炽热之心挺身而出,在无比漫长的岁月里,经过诚心诚意、全心全力的修行,最终制成了大宇宙所有功德(善)的结晶——"南无阿弥陀佛"之名号。

在《教行信证》中,亲鸾圣人这样详细地阐述了其原委始末(名号之由来):

> 一切群生海,自从无始已来,乃至今日至今时,秽恶污染无清净心,虚假谄伪无真实心。是以如来悲悯一切苦恼众生海,于不可思议兆载永劫,行菩萨行时,三业所修,一念一刹那,无不清净,无不真心。如来以清净真心,成就圆融无碍,不可思议、不可称、

不可说至德。

《教行信证》

　　所有的人，从遥远的过去直到今天，都被邪恶所污染而没有清净之心，都充满了虚伪谎言而没有丝毫真实之心。阿弥陀佛可怜、悲悯这样在苦恼之中的一切众生，无论如何都想要予以拯救，于是在兆载永劫[*]的漫长时间中，心口身一直保持着清净，以其清净、真实之心全心全力投入修行，终于制成了圆满无缺的不可称、不可说、不可思议的无上功德（南无阿弥陀佛）。

　　关于名号，莲如上人也这样明白易懂地告诉我们：

　　　　所谓"南无阿弥陀佛"，其字数不过六字，表面看来，似觉无何功能，然此六字名号之中，所含无上甚深功德利益之广大，却无极无限。

《御文章》

　　说起"南无阿弥陀佛"，因为仅仅是六个字而已，所以没有谁会认为它有多么大的力量。然而，在这六字之中，包含着使我们获得至高无上幸福的无比强大

＊兆载永劫：无比漫长的时间。

的功能。其功能之广大，犹如天空没有极限。

而我们于一念从阿弥陀佛那里得到这六字名号（南无阿弥陀佛），与其成为一体，就叫做"佛凡一体"（阿弥陀佛的心与凡夫的心合二为一）"佛智全领"（领受大宇宙中所有的功德）。

对"佛凡一体"的真实体验，亲鸾圣人这样赞叹：

> 五浊恶世之众生，
> 若信选择之本愿，
> 不可称说不思议，
> 功德充满行者（亲鸾）身。
>
> 《高僧和赞》
>
> 无论什么人，若信弥陀本愿（得到南无阿弥陀佛），心灵无法想象、言语无法表达的幸福就会溢满此人（亲鸾）之身。

不可称、不可说、不可思议之功德——"南无阿弥陀佛"与我们成为了一体，这就是不可称、不可说、不可思议的信心。

而从这样的我们口中涌出的念佛，自然也会被称为不可称、不可说、不可思议之念佛。

因为这样的念佛超越了人类的智慧，是出自于佛智[*]的念佛，所以亲鸾圣人才会说"念佛以无义为义"吧。

---

* 佛智：阿弥陀佛的智慧。

亲鸾圣人揭示自力之真相，
阐明他力信心的话语

〔原文〕　　　善恶二事，吾全然不知。

《叹异抄》后序

〔释义〕　　　什么是善，什么是恶，对这两件事，亲
鸾我一概不知。

"亲鸾我不明白什么是善，什么是恶，对此完全一无
所知。"

这句圣人的发言简直令人难以置信，甚至有人指责说，
这样的人怎么能够教导他人？

然而，仔细想来，我们人虽然都自以为能够分辨"善
恶"，但是我们所分辨的"善"与"恶"，真的是准确恰当
且永恒不变的吗？

在日本，比起胆小鬼，被人骂作小偷，心灵会受到更

大的伤害。而在美国,被人骂作胆小鬼却会更觉受到侮辱。

在日本,比起扇巴掌,用拳头殴打是更严厉的惩罚,但在欧美,被人打耳光是更大的屈辱。

日本在第二次世界大战之前,多生多育被认为是善,而现今,有很多孩子的人反而会遭到同情。最近少子化成为了社会问题,于是政府和企业又开始推出各种政策鼓励生育。

从前,四处征战扩张领土的人被赞誉为英雄,而在现代,则被冠以侵略者的恶名。

江户时代,为幕府将军或诸侯而死,被认为是忠臣义士而大加赞扬,明治时期以后,只有为天皇舍弃生命才算是尽忠。而到了今天,忠义却已被许多人看做是老掉牙的价值观念。

直到二战结束为止,日本国内严禁谈论"主权在民""劳资平等"等词语,稍有提及,马上就会被当做"危险分子""赤军共党"而锒铛入狱。但如今,天皇和劳动者姑且可以说是平等的。

政权若被颠覆,宪法就会随之更改,原本在监狱里服刑的人一夜之间会被无罪释放,而昨天的掌权者却遭到弹劾,甚至被定罪。

像这样,根据国家与时代的不同,对善恶的判断标准会有很大的差异。不仅如此,即使在同一时间、同一地点,不同的人对善恶做出的判断也会大相径庭。

日本最高法院的法官共有十五人,他们都是司法界的精英,具有高度的辨别能力,然而在判决时,却经常会出现十比五或者七比八等意见不一致的情况。那是因为,他们看的虽然是同一份案件的调查报告,但由于每个人的看法与见解不同,所以有人判有罪,有人判无罪,对善恶的判断会有很大差别。

其实,就连古今中外普遍认同的美德,也很难说是绝对的善。

1995年,日本发生了阪神大地震。救援人员不辞辛苦,争分夺秒地从坍塌的房屋下拯救幸存者。然而,在九死一生活下来的幸存者中,却有好几位老人都后悔还不如当时死在地震中,接连自杀身亡。

本以为拯救人的生命是至高无上的善,所以才不顾危险进行救援,没想到一片好心却招来埋怨。这样的例子不在少数。

"说实话,你长得好像个丑八怪。"

"我不愿意撒谎,所以实话告诉你,你确实已到了癌症晚期,赶快准备后事吧。"

说这种话的人也许本来是想做个诚实的善人,但结果却反而变成了恶语伤人的坏人。

亲鸾圣人说:"什么是善,什么是恶,亲鸾我完全一无所知。"

莲如上人也在被问到亲鸾圣人的事情时,这样说道:"我亦不知。无论何事,即使是不知之事,亦应遵开山(亲鸾圣人)所做去做。"(《御一代记闻书》[*])

我们人对善恶的判断标准都是建立在不断变化、摇摆不定的基础之上,根据时间、地点与判断之人的不同,会做出截然不同的判断。尽管如此,我们却都愚蠢地以为"自己的想法是正确的""善恶我还是分得清的""自己不能认同的事情就不会相信",而对不可称、不可说、不可思议的弥陀本愿妄加揣测与怀疑。

对这样的我们,亲鸾圣人告诫道:

> 以补处之弥勒菩萨为首,无人知佛智之不可思议。
>
> 《末灯钞》[*]

就连离佛觉只有一步之遥的弥勒菩萨,也无法想

---

* 《御一代记闻书》:莲如上人的言行录。
* 《末灯钞》:亲鸾圣人的书简及话语集。

象、无法理解弥陀本愿力的不可思议,更何况我们人,
怎么可能明白阿弥陀如来的佛智呢?

若被不可称不可说不可思议的弥陀本愿所救摄,囿于
善恶观念而揣度本愿的自力之心就会消失殆尽,成为善亦
不欲恶亦不惧之身。

"善恶二事,吾全然不知",亲鸾圣人的这一告白,正
是对超越了善恶的大信海*所做的明确表白。

---

* 大信海: 阿弥陀佛赐予的信心的世界。

亲鸾圣人打破人类常识，
　道破人生目的的话语

〔原文〕　　　烦恼具足之凡夫，火宅无常之世界，万
事皆为虚假，无有真实，唯有念佛才是真。

《叹异抄》后序

〔释义〕　　　充满烦恼的人，居住在火宅般不安的世
界里，所有一切都是虚假的、空幻的，没有
一个是真实的。唯有弥陀赐予的念佛，才是
唯一的真实。

"这个世上的所有一切，都是虚假的、空幻的，没有
一个是真实的。"

亲鸾圣人如此断言。

像这样否定人类所有活动，打破一般社会常识的话语
在《叹异抄》中频频出现。

然而这些，其实都是真实信心的表露。

听到"信心"一词，也许有人会嗤之以鼻，觉得我又不相信宗教，与我无关。但正如日本的古谚语所说，"相信沙丁鱼头也是一种信心"，从广义上来讲，信心的词义并不专指相信神佛。

比如说，相信自己明天还活着，是对"生命"的信心；相信自己的身体无恙，是对"健康"的信心。丈夫相信妻子，妻子相信丈夫；父母相信子女，子女相信父母——人只要活着就会相信种种事物，这些都可以说是我们所持有的"信心"。

有人持有的是对金钱财产的信心，有人持有的是对名誉地位的信心，马克思主义者持有的则是共产主义社会才是理想社会的信心。

相信什么，每个人都有自己的选择，但共通的是，人如果不相信着什么，就无法活下去。活着，就等于在相信着。所以无论是谁，都一定会有自己相信的事物。

然而，当我们被自己所相信的事物背叛时，立刻就会陷入苦恼之中。

遭受健康的背叛，就会陷入疾病的痛苦；遭受恋人的背叛，就会陷入失恋的悲伤。为失去伴侣而茫然若失之人，为失去孩子而伤心哀叹之人，财产名誉化作黄粱一梦之人，都因为自己所相信的明灯熄灭，而坠入了黯然神伤、愁苦悲叹的泪水深渊。

尤其令人感到讽刺的是，相信得越深，遭受背叛时所产生的痛苦与愤怒就会越发深广。

我们人为了活着，日复一日地辛苦奔波。然而，我们绝不是为了痛苦出生而来，也不是为了痛苦在活着。我们活着的唯一目的，就是为了追求并获得生命的欢喜。对此，任何人都不会持有异议。

既然如此，我们对自己所相信的事物的真伪，当然要以无比认真的态度加以辨别。那么，人们对自己所相信的对象是否会背叛自己，又花费了多少心思，进行了多么深刻的思考呢？

地震、台风、雷击、火灾、杀人、伤害、盗窃、疾病、事故、亲人逝去、事业失败、遭遇裁员……我们生活在一个不知何时会发生何事的无常的世界里。

盛者必衰，即使现在身处巅峰志得意满，也必然会有跌落的时候；会者定离，有相遇的喜悦，就难逃离别的悲伤。

刚刚经历过一次背叛，抚平了创伤，下一次背叛就接踵而至。因为是这样充满不安的世界，所以亲鸾圣人将其比喻为火宅，称之为"火宅无常的世界"。

纵使一生安泰，没有遭遇灾害也未曾罹患疾病，"黄泉路上无贵贱"，也没有谁能逃脱死亡的宿命。

一旦濒临死亡的边缘，财产名誉都不过是瞬息的闪电。

就连那一统天下的丰臣秀吉，在死亡面前也只留下了"梦中之梦"的叹息，昔日的威风荡然无存，不朽的光辉无处可寻。

尽管如此，人们依然幻想着自己所相信的事物会永远存续。面对这样的人们，亲鸾圣人当头棒喝道："万事皆为虚假，无有真实"。

这个世上的所有一切都是虚假谎言，无一例外。

教导孩子们生命无比宝贵，高喊"要珍惜生命""要坚强活下去"的老师，自己却轻易地上吊自杀，令世人大为震惊。

更奇怪的是，普通人自杀会遭到批评，知名人士自杀却会博得赞美。看来，如果不阐明生命为何宝贵，关于自杀问题的是与非，也不过是万事皆虚假中的一幕而已。

活在这万事皆虚假的尘世里，就如同在火山口上起舞，由于难以承受那令人战栗的不安，会有人选择死亡也不难理解。

正因如此，亲鸾圣人向人们发出了振聋发聩的呐喊："唯有念佛才是真。"

所有的人啊，唯有获得无限的生命喜悦（摄取不舍之
利益*），成为念佛之身，才是我们出生人世的本怀。

这是亲鸾圣人九十年生涯中唯一要传达给我们的事情。
而《叹异抄》，正是为了将这圣人的心意传承后世，一字一
泪、竭尽心力写就的不朽名著。

---

* 摄取不舍之利益：被牢牢救摄，绝对不会被舍弃的幸福。

附录　亲鸾圣人简介

1173年——生于京都(日本平安时代末期)。

9岁——出家，入佛门。

　　圣人4岁即丧父，8岁时又失去母亲。幼年时代痛失双亲,这使圣人惊讶地意识到死亡也在步步逼近自己,于是,为了解决生死大事，他年仅9岁就剃度出家，成为了比叡山天台宗的僧侣。在山上，圣人全心全力按照法华经的教义刻苦修行了20年，却由于未能解决生死大事，于29岁时挥泪离开了比叡山。

29岁——依靠阿弥陀佛的本愿，实现人生目的。

　　下山后不久，圣人即遇到法然上人，得知了真实的佛法——阿弥陀佛的本愿。依靠弥陀的本愿，圣人终于得以解决生死大事，实现了人生的目的。他随即拜法然上人为师，开始全力弘扬弥陀本愿。

31岁——吃荤娶妻。

为了阐扬弥陀本愿广度一切众生的真意，亲鸾圣人于31岁时公然吃荤娶妻。这在当时的佛教界引起轩然大波，使其备受四面八方的责难和攻击。

35岁——被流放越后（新潟县）。

圣人35岁时，遭遇了日本佛教史上最严厉的弹压。在这次弹压中，亲鸾圣人最初被判死罪，后改为流放越后（今新潟县）。在风雪严寒的越后之地苦度五个春秋之后，圣人来到关东（今东京一带），在此处大力弘扬弥陀的本愿，使真实佛法传遍关东大地。

60岁后——从关东回到京都。

圣人返回京都后，直到90岁去世为止，一边宣扬弥陀的本愿，一边致力于写作。圣人最重要的著作为《教行信证》，其他还有《净土和赞》《高僧和赞》《正像末和赞》《愚秃钞》《唯信钞文意》《一念多念证文》等多部著作。

1263年——90岁圆寂。

附录 莲如上人简介

1415年——生于京都（日本室町时代）。

莲如上人诞生于亲鸾圣人去世150年之后，是本愿寺第七代宗主存如的长子。

35岁——前往关东（今东京一带）弘法。

青年时代的莲如上人，在穷困的生活中努力修习佛法。35岁时，他去往关东弘法。据说，由于莲如上人一直都是穿着草鞋步行传法，所以草鞋的细绳在上人脚上留下了深深的印迹，直到上人去世都没有消失。像这样，净土真宗的教义是由亲鸾圣人彻底阐明，由莲如上人一步一个脚印地传播开来的。

43岁——继承本愿寺，成为第八代宗主。

莲如上人大力弘法，出现了很多佛缘深厚的门徒。

47岁——在四处奔波弘法之余，开始以书信形式传播佛法。

莲如上人的主要著作名为《御文章》，是上人写给弟子和门徒们的书信。

莲如上人看清了本愿寺荒废的原因在于没有讲说教义，于是发奋用心钻研亲鸾圣人最重要的著作《教行信证》，写下了很多明白易懂的书信。这些书信都是莲如上人数十年刻苦钻研的心血结晶，有二百余封留存至今。

弟子以及门徒们收到上人的书信，就会抄写转发，这样一传十、十传百,《御文章》作为千百个莲如上人的化身，将佛法传到了日本全国各个角落。

1499年——85岁圆寂。

由于莲如上人的辛苦弘法，净土真宗（亲鸾圣人的教义）一跃成为日本佛教界最大的宗派，并一直延续至今。

作者简介

高森显彻

1929 年出生于日本富山县。龙谷大学毕业。

长期以来在日本及海外各地举办讲演会，并执笔写作。

著作有《人为什么活着》《向着光明 • 100 束鲜花》

《南无阿弥陀佛是什么—名著《叹异抄》入门》等。

开启叹异抄
无上幸福的世界

中国語 (簡体字) 版『歎異抄をひらく』

作　者	高森 显彻	著 者	高森 顕徹
译　者	《开启叹异抄》翻译组	訳 者	『歎異抄をひらく』翻訳チーム

发行所　株式会社 1万年堂出版
〒101-0052　東京都千代田区神田小川町 2-4-20-5F
電話　03-3518-2126　FAX　03-3518-2127
https://www.10000nen.com/

印刷所　TOPPAN株式会社

令和 6 年 (2024) 4 月26日　第 1 刷発行